# ANNE GEDDES

un prénom pour bébé

# prénoms de filles

**A**

**Ab**élia, féminin d'Abel, de l'hébreu « souffle ».

**Abeline**, variante d'Abélia.

**Abélinda**, variante composée sur Abeline.

**Abigaël**, de l'hébreu « joies du père ».

**Ada**, « joyeux » en langue hébraïque.

**Adélaïde**, du germain « adal » qui signifie « noble ».

**Adèle**, variante d'Adélaïde.

**Adélie**, variante d'Adélaïde inspirée d'une terre lointaine...

**Adeline**, diminutif d'Adèle.

**Adria**, variante d'Adrienne.

**Adriana**, latinisation d'Adrienne.

**Adrienne**, féminin d'Adrien ; à l'origine, Adria était une ville étrusque qui a donné son nom à la mer Adriatique.

**Agathe**, du grec « bon ».

**Aglaé**, « rayonnante de beauté », en grec.

**Agnès**, du grec « agnê » qui signifie « pur et sacré ». Prénom d'une vierge martyre du troisième siècle.

**Aïcha**, nom d'origine africaine signifiant « vie ».

**Aïda**, « elle arrive ». Prénom d'une princesse égyptienne et d'un opéra de Verdi.

**Aileen**, forme écossaise d'Hélène.

**Aimée**, du latin « amatus » qui signifie « aimé ».

**Alana**, féminin d'Alain ; d'origine celtique, ce prénom signifie « esprit » et « rocher ».

**Albane**, féminin d'Alban, du latin « blanc ».

**Alberta**, variante d'Alberte.

**Alberte**, féminin d'Albert, dérivé du germain traduit par « noble et brillant ».

**Albertine**, variante d'Alberte.

**Albine**, du latin « blanc ».

**Alda**, du germain « vieux noble ».

**Aléthéa**, du grec « vérité ».

**Alexandra**, féminin d'Alexandre, « défenseur » ou « homme de guerre qui protège » en grec ancien.

**Alexandrine**, variante d'Alexandra.

**Alexia**, féminin d'Alex, du latin « protecteur ».

**Alexiane**, dérivé d'Alexia.

**Alexine**, diminutif d'Alexia.

**Alfréda**, féminin d'Alfred.

**Ali**, forme raccourcie d'Alice ; parallèlement, prénom masculin arabe.

**Alice**, du germain « noblesse ».

**Alicia**, diminutif d'Alice.

**Alida**, prénom italien.

**Aliénor**, variante médiévale d'Éléonore.

**Aliette**, dérivé d'Alice.

**Aline**, version tronquée d'Adeline qui date du Moyen Âge.

**Alison**, diminutif d'Alice issu du germain et qui signifie « noblesse ».

**Alix**, forme contractée d'Alexandra.

**Allegra**, de l'italien « vif ».

**Alma**, du latin « bon et nourrissant ». Inspiré d'une bataille célèbre de la guerre de Crimée.

**Almira**, prénom inspiré d'une ville espagnole.

**Aloïse**, dérivé de Louise et variante d'Héloïse.

**Alphonsine**, féminin d'Alphonse, du germain « noble et rapide ».

**Althéa**, du grec « guérir ».

**Amanda**, du latin « aimable ».

**Amandine**, forme diminutive d'Amanda.

**Amaryllis**, du grec « étinceler ».

**Ambre**, de l'égyptien « lumière » ou du grec « immortel » ; inspiré au XIXᵉ siècle des gemmes du même nom.

**Ambroisie**, du grec « immortel ».

**Ambrosie**, même étymologie qu'Ambroisie.

**Amélia**, latinisation d'Amélie.

**Amélie**, du germain « travail ».

**Ameline**, variante d'Amélie.

**Amina**, origine africano-arabe signifiant « paisible » ; prénom porté par la mère du Prophète.

**Amy**, forme anglo-saxonne du nom français « Aimée ».

**Anaïs**, de l'hébreu « gracieux » ; prénom rendu célèbre par la romancière Anaïs Nin.

**Anastasia**, du grec « résurrection ». Prénom de la fille cadette du dernier tsar de Russie, Nicolas II.

**Anastasie**, forme francisée d'Anastasia.

**Anatolia**, du grec « oriental ». Référence à une région d'Asie Mineure.

**Andréa**, féminin d'André ; du grec « guerrier illustre entre tous ».

**Andrée**, féminin d'André.

**Ange**, du grec « messager ».

**Angèle**, composé sur « Ange ».

**Angélina**, variante d'Angeline.

**Angeline**, forme ancienne d'Angèle.

**Angélique**, forme plus élaborée d'Angèle.

**Angie**, variante diminutive d'Ange.

**Anicette**, féminin d'Anicet ; du latin « anis » ou du grec « invincible ».

**Anika**, « doux visage » en africain.

**Anita**, diminutif espagnol d'Anne.

**Anja**, variante d'Ange.

**Anna**, forme latinisée d'Anne.

**Annabelle**, variante composée sur Anne, signifiant « gracieux et aimable ».

**A**

**Anne**, de l'hébreu « béni de Dieu » et « gracieux ». Prénom porté par la mère de la Vierge Marie.

**Anne-Marie**, combinaison signifiant « gracieux » et « dame ».

**Annette**, diminutif d'Anne.

**Annice**, variante écossaise et médiévale d'Agnès.

**Annick**, composition sur Annie.

**Annie**, diminutif d'Anne.

**Anouchka**, diminutif d'Anouck à consonance russe.

**Anouck**, composé sur Anne.

**Anthéa**, du grec « fleuri ».

**Anthinéa**, reine mythique de l'Atlantide.

**Antoinette**, féminin d'Antoine, du latin « digne d'éloges ».

**Antonella**, diminutif latinisé d'Antoinette.

**Antonia**, variante d'Antoine prisée sur tout le pourtour méditerranéen.

**Antonina**, diminutif latinisé d'Antonia.

**Apolline**, du grec « qui inspire ».

**April**, du latin « ouvrir » et inspiré du mois printanier. Forme anglo-saxonne d'Avril.

**Arabelle**, du latin « imploré ».

**Araminte**, prénom très usité en France et en Angleterre à l'époque classique.

**Arcadie**, inspiré d'une région bucolique de la Grèce antique.

**Arétha**, du grec « vertu ».

**Ariane**, du grec « sacro-saint » ; prénom porté par la fille du roi Minos de Crète.

**Aricie**, du grec « fils du meilleur ».

**Arielle**, de l'hébreu « lion de dieu ».

**Arlène**, inspiré de l'héroïne d'un opéra romantique.

**Arlette**, du vieux normand « promesse ».

**Arline**, variante d'Arlène.

**Armance**, ancien nom français.

**Armande**, féminin d'Armand.

**Armeline**, variante d'Armelle.

**Armelle**, du celte, « princesse des ours ».

**Armine**, référence au dieu germanique Irmin.

**Arminie**, variante d'Armine.

**Aroha**, du maori « amour ».

**Ashley**, de l'anglo-saxon « cendres ».

**Aspasie**, variante d'Anastasie.

**Astasie**, autre variante d'Anastasie.

**Astrid**, « beau, magnifique » en scandinave.

**Atalante**, du grec « porteur puissant » et inspiré du héros Atlas ; chasseresse légendaire de la mythologie antique.

**Athanasie**, nom prisé chez les Grecs orthodoxes et signifiant « immortel ».

**Athéna**, déesse de la sagesse et de la guerre dans la mythologie grecque. A donné son nom à la capitale de la Grèce.

**Atlanta**, inspiré d'une ville célèbre de Géorgie, aux États-Unis.

**Aubrey**, du germain « pouvoir des elfes ». Historiquement masculin, ce prénom se généralisa pour les filles à l'époque moderne.

**Aude**, du germain « ald » qui signifie « ancien ».

**Audrey**, de l'anglo-saxon « noble et fort ».

**Augusta**, féminin d'Auguste, du latin « magnifique ».

**Augustine**, diminutif d'Augusta.

**Aure**, contraction d'Aurore.

**Aurélia**, forme latinisée d'Aurélie.

**Aurélie**, du latin « doré ».

**Aurore**, origine latine ; inspiré, bien sûr, du spectacle toujours renouvelé de l'aube pointant à l'horizon.

**Automne**, nom d'origine latine inspiré de la saison.

**Ava**, du latin « avis » qui signifie « oiseau ». Également forme dérivée d'Ève.

**Avril**, référence évidente au mois de l'année.

**Axalia**, variante latinisée d'Axelle.

**Axelle**, de l'hébreu « père » et « paix ».

**Aymone**, du germain « maison ».

**Azalée**, prénom d'emploi récent, inspiré de la fleur.

**Aziza**, origine à la fois hébraïque, africaine et arabe, signifiant « victorieux ».

# B

**Babette**, diminutif affectueux pour Barbara ou Élisabeth.

**Balbine**, du latin « bègue ».

**Baldwina**, variante de Baudouine.

**Baptista**, féminin de Baptiste, du grec « qui immerge ».

**Baptistine**, variante de Baptista.

**Baraka**, en africain « chance ».

**Barbara**, « l'étrangère » en latin ; patronne des architectes et des maçons.

**Barberine**, variante francisée de Barbara.

**Bartholomée**, féminin de Bartholomé, de l'hébreu « qui trace le sillon ».

**Basilide**, féminin de Basile, « roi » en grec.

**Bastienne**, diminutif de Sébastienne.

**Bathilde**, du germain « audacieux » et « combat ».

**Bathylle**, variante de Bathilde.

**Baudouine**, féminin de Baudoin, du germain « audacieux » et « ami ».

**Béatrice**, « les voyages fructueux », ou encore « celui qui apporte le bonheur ». En littérature, Béatrice fut chantée par le poète Dante dont elle fut le guide au Paradis.

**Beatrix**, variante de Béatrice.

**Beattie**, diminutif de Béatrice.

**Becca**, diminutif de Rébecca.

**Bela**, forme diminutive d'Alberte.

**Bélinda**, probablement de l'italien « beau ».

**Bella**, forme raccourcie d'Isabelle.

**Belle**, qualificatif pour le moins explicite !

**Bénédicte**, du latin « béni ou protégé par Dieu ».

**Benjamine**, féminin de Benjamin ; de l'hébreu « fils de la main droite », autrement dit la chance est de son côté.

**Benoîte**, même signification que Bénédicte.

**Bérengère**, du germain « ours » et « lance ».

**Bérénice**, du grec « qui donne la victoire ».

**Bernadette**, féminin de Bernard, « courageux comme un ours ».

**Bernardine**, diminutif de Bernadette.

**Berteline**, variante de Berthe.

**Bertha**, forme latinisée de Berthe.

**Berthe**, du germain « renommé, brillant ».

**Bertille**, variante de Berthe.

**Bertrande**, féminin de Bertrand, du germain « brillant » et « corbeau ».

**Bertrane**, variante de Bertrande.

**Béryl**, du grec « pur », inspiré de la pierre semi-précieuse du même nom.

**Béthany**, en hébreu « la maison des figues ».

**Bethsabée**, « fille du serment » en hébreu ; nom porté par la mère de Salomon.

**Betsy**, diminutif d'Élisabeth.

**Bettina**, variante diminutive de Betty.

**Betty**, diminutif d'Élisabeth.

**Beverly**, originellement un sobriquet signifiant en vieil anglais « la rivière des castors ».

**Bianca**, « blanc » ou « pur », forme italienne de Blanche.

**Bienvenue**, ancien nom français qui se passe de commentaire.

**Billie**, féminin de Billy, diminutif anglo-saxon de William, lui-même la traduction de Guillaume.

**Blaisiane**, féminin de Blaise, « qui bégaie ».

**Blanche**, du germain « clair », désignant originellement une blonde.

**Blanchette**, diminutif de Blanche.

**Blandine**, du latin « caressant, flatteur ».

**Bonita**, « jolie » en espagnol.

**Bonnie**, « jolie » en écossais.

**Brandy**, « vin cuit » en hollandais ou féminin de Brandon, du celte « prince ».

**Brenda**, du viking « brand », c'est-à-dire « épée ».

**Brenna**, prénom récent formé sur Brianna.

**Brianna**, féminin de Brian, du celte « grand et noble ».

**Bridget**, forme anglicisée d'un terme gaélique irlandais signifiant « force ». Divinité celtique de la poésie et des prophéties.

**Brigitte**, forme française de Bridget.

**Britta**, variante diminutive de Bridget.

**Brooke**, à l'origine sobriquet anglo-saxon signifiant « le cours d'eau ».

**Brunehaut**, variante de Brunehilde.

**Brunehilde**, du germain « armure » et « combat ».

**Brunella**, forme féminine composée sur Bruno, du germain « bouclier » ou « armure ».

**Brunette**, diminutif de Brunella ou forme adjective française renvoyant à la couleur des cheveux.

**Calliope**, muse de la poésie dans la mythologie grecque.

**Callista**, « très belle » en grec.

**Calypso**, « celle qui garde le silence ». Nymphe de la mer qui parvint à charmer Ulysse et à le retenir sept années de suite auprès d'elle.

**Camélia**, nom latin inspiré de la fleur.

**Camilla**, terme latin signifiant « l'assistant du prêtre pour les cérémonies sacrificielles ».

**Camille**, forme francisée de Camilla.

**Candice**, du grec « blanc » et « feu », et variante de Candide. Sous la forme « Candace », nous trouvons une lignée de reines de l'ancienne Éthiopie.

**Candide**, du latin « blanc ».

**Candy**, diminutif de Candice ou de Candide.

**Capucine**, du latin « capuche ».

**Cara**, prénom récent qui s'appuie sur l'italien « bien-aimée ». En gaélique, il signifie « ami ».

**Carina**, variante de Cara et de Carine.

**Carine**, variante de Cara.

**Carissa**, du grec « grâce » ou de l'italien « l'être cher ».

**Carla**, féminin de Carl ou Charles, du germain « homme libre ».

**Carlotta**, variante latinisée de Charlotte.

**Carmel**, de l'hébreu « jardin » ; souvent utilisé pour qualifier la Vierge Marie.

**Carmelina**, variante de Carmel.

**Carmelita**, forme diminutive espagnole de Carmel.

**Carmen**, du latin « chanson ».

**Carmina**, diminutif de Carmen.

**Carmine**, diminutif de Carmen.

**Carole**, forme féminisée de Charles, « homme libre » en germain ; en gaélique, ce nom signifie « chanson, mélodie ».

**Caroline**, même origine que Carole.

**Carrie**, abréviation pour Caroline.

**Casey**, du gaélique « vigilant » ; également variante de Cassie, forme abrégée de Cassandre.

**Cassandre**, princesse troyenne dotée du don de prophétie mais qui, pour avoir repoussé Apollon, fut condamnée à n'être jamais crue.

**Cassie**, diminutif de Cassandre.

**Catalina**, forme espagnole de Catherine.

**Caterina**, forme italienne de Catherine.

**Catherine**, « pur » en grec et en vieux français. Prénom commun à beaucoup de saintes et de souveraines de France et de Russie, comme la Grande Catherine.

**Cathy**, diminutif de Catherine.

**Catlin**, variante de Caitlin, forme gaélique pour Catherine.

**Catrina**, variante de Catriona, formes écossaise et irlandaise de Catherine.

**Cécile**, forme francisée de Cécilia.

**Cécilia**, originellement nom de famille romaine signifiant « aveugle » ; patronne de la musique, martyrisée au troisième siècle.

**Céléna**, variante de Céline.

**Céleste**, forme française directement dérivée du latin et signifiant « appartenant au ciel ».

**Célestine**, diminutif de Céleste.

**Célia**, variante de Cécile.

**Célie**, variante de Cécile.

**Céline**, du latin « ciel ».

**Cerise**, allusion évidente au fruit.

**Césarine**, féminin de César, du latin « pratiquer une césarienne ».

**Chantal**, « chanteur » ou bien de l'occitan qui signifie « pierre, roche », comme par exemple le Cantal.

**Chantelle**, variante de Chantal.

**Charis**, « la grâce » en grec ancien. Une des trois Grâces de la mythologie.

**Charissa**, forme moderne de Charis ou Carissa.

**Charlène**, prénom récent composé sur Charles, « homme libre » en germain.

**Charlette**, forme féminisée de Charles.

**Charley**, variante de Charlette.

**Charlie**, diminutif de Charlène et de Charlotte.

**Charlotte**, féminin de Charles.

**Charmaine**, variante de Charmiane.

**Charmiane**, du grec « délice ».

**Chelsea**, originellement endroit où l'on trouvait de la craie ; nom d'origine britannique.

**Cher**, forme raccourcie de Chérie ou de Chérilyn.

**Chérilyn**, probablement un mélange de Chéryl et de Carolyn (forme anglicisée de Caroline).

**Cherry**, Charles Dickens l'employa comme diminutif de Charity, terme anglais signifiant « charité » ; d'autre part, ce mot veut également dire « cerise ».

**Chéryl**, mélange moderne de Cherry et de Béryl.

**Cheyenne**, du nom d'une célèbre tribu d'Indiens d'Amérique du Nord.

**Chiara**, forme italienne de Cara.

**China**, d'après le pays d'Asie.

**Chloé**, du grec « jeune pousse » ; déesse de la fertilité.

**Chloris**, du grec « vert » ; déesse de la végétation.

**Chris**, forme raccourcie des noms apparentés à Christine.

**Christa**, variante de Christina.

**Christabelle**, du latin « Christ » et « beau ».

**Christelle**, variante de Christiane.

**Christiane**, féminin de Christian, « disciple du Christ ». Ce prénom d'origine latine remonte au haut Moyen Âge.

**Christine**, variante de Christiane.

**Chrystal**, variante féminine de Christophe avec référence à la roche du même nom.

**Cinderella**, forme modernisée de Cendrillon, textuellement « les petites cendres ».

**Cindy**, diminutif de Cinderella ou bien de Cynthia, ou encore de Lucinda.

**Claire**, forme française de Clara.

**Clairette**, forme diminutive de Claire.

**Clara**, du latin « clair » ou « brillant ». En usage depuis le Moyen Âge.

**Clarence**, du verbe latin « briller ».

**Clarinda**, variante de Claire.

**Clarine**, dérivé de Claire.

**Clarisse**, variante médiévale de Claire.

**Claude**, forme française issue de Claudius et qui a la particularité d'être aussi bien féminine que masculine.

**Claudette**, forme féminine qui s'appuie sur Claudius, du latin « boiteux ».

**Claudia**, féminin de Claudius.

**Claudie**, variante de Claude.

**Claudine**, ancien diminutif de Claude.

**Cléa**, abréviation de Cléantha.

**Cléantha**, du grec « fleur de la gloire ».

**Clédia**, variante de Claudette.

**Clélia**, variante de Clélie.

**Clélie**, du latin « Clalius », nom d'une grande famille romaine.

**Clématis**, allusion à la fleur appelée clématite, du grec « plante grimpante ».

**Clémence**, du latin « doux, clément ».

**Clémentine**, même étymologie que Clémence.

**Cléo**, forme abrégée de Cléopâtre.

**Cléopâtre**, du grec « la fierté de son père » ; prénom essentiellement associé à la plus célèbre des reines d'Égypte.

**Clio**, muse de l'Histoire dans la Grèce antique ; son nom signifie « gloire ».

**Clotilde**, du germain « fameuse guerrière ».

**Colette**, variante de Nicole, féminin de Nicolas.

**Coline**, variante de Colombe.

**Colombe**, référence à l'oiseau. Étymologie latine.

**Colombine**, variante de Colombe.

**Columba**, variante de Colombe.

**Concepcion**, du latin « commencement ». On garde généralement l'orthographe espagnole.

**Connor**, nom récent en usage pour les filles ; d'origine gaélique, il signifie « celle qui aime les chiens ».

**Constance**, du latin « constantia », à la signification évidente.

**Constantine**, variante de Constance et féminin de Constantin.

**Constanza**, variante de Constance.

**Consuela**, de l'espagnol « consolation ».

**Cora**, du grec « jeune fille ».

**Coralie**, mélange moderne de Cora et de Rosalie. L'un et l'autre d'origine celtique signifiant « parenté » et « ami ».

**Coraline**, variante de Coralie.

**Coralise**, variante de Coralie.

**Cordélia**, du latin « cœur ».

**Corentine**, féminin de Corentin. Même étymologie que Coralie.

**Corinne**, du grec « fille ».

**Cornélia**, féminin du latin Cornélius, « corne », célèbre famille romaine.

**Cosette**, du germain « agneau familier ». Nom immortalisé par un personnage des *Misérables* de Victor Hugo.

**Courtney**, nom moderne anglo-saxon mais dont l'origine se réfère à un village de France appelé Courtenay.

**Cressida**, princesse troyenne des légendes antiques. Probablement du grec « doré ».

**Crystal**, référence directe à la pierre du même nom.

**Cunégonde**, nom médiéval issu du germain « lignée » et « combat ».

**Cybil**, variante orthographique de Sibylle.

**Cynthia**, un des noms de la déesse Artémis, déesse de la lune dans la Grèce antique.

**Cyprienne**, féminin de Cyprien, du latin « chypriote », habitant de l'île de Chypre.

**Cyprille**, variante de Cyprienne.

**Cyrille**, du grec « consacré aux dieux ».

**D**agmar, du viking « jour » et « fille ».

**Dahlia**, référence à la fleur du même nom.

**Daisy**, forme diminutive qui renvoie à Marguerite.

**Dakota**, référence à une célèbre tribu d'Indiens d'Amérique du Nord.

**Dalia**, variante de Dahlia, de l'hébreu « branche fleurie ».

**Dalila**, courtisane célèbre qui, par ruse, eut raison de la force de Samson.

**Dallas**, probablement du gaélique « sage ».

**Damaris**, prénom déjà répertorié dans l'Ancien Testament ; probablement du grec « veau ».

**Damia**, déesse de la fertilité et des moissons, connue aussi sous le nom de Cybèle.

**Damiana**, variante de Damia.

**Damienne**, féminin de Damien.

**Damiette**, variante de Damienne.

**Dana**, « pur comme le jour » en latin. Nom d'une déesse celtique de la fertilité.

**Danaé**, du grec « qui juge ».

**Dania**, forme latine pour « Danemark ».

**Daniéla**, forme latinisée de Danielle.

**Danièle**, variante orthographique de Danielle.

**Danielle**, féminin de Daniel, de l'hébreu « Dieu est mon juge ».

**Danila**, variante de Daniéla.

**Dany**, contraction familière de Danielle.

**Daphné**, nymphe de la mythologie grecque qui se transforma en buisson de laurier pour échapper aux avances d'Apollon ; c'est aussi le nom d'une fleur.

**Dara**, forme féminisée de Darius, ancien nom perse signifiant « qui possède des biens ».

**Darcie**, variante de Darcy.

**Darcy**, « qui vient d'Arcy », en France.

**Daria**, autre forme féminisée de Darius, ancien nom perse.

**Darla**, variante de Darlène.

**Darlène**, inspiré du terme anglais « darling » et voulant dire « tendrement aimée ».

**Darrel**, variante de Darryl.

**Darryl**, originellement sobriquet référant à Airelle, en France, et utilisé pour les garçons. Actuellement porté aussi par les filles.

**Dauphine**, du grec « dauphin ».

**Davida**, féminin de David, en hébreu « le bien-aimé ».

**Davina**, version écossaise de Davida.

**Davinia**, variante de Davina.

**Dawn**, de l'anglais « aurore ».

**Debbie**, abréviation diminutive de Déborah.

**Déborah**, de l'hébreu « abeille ».

**Debra**, abréviation de Déborah.

**Décima**, textuellement « dix » en latin. Déesse romaine des naissances.

**Dee**, diminutif affectueux pour Dorothy et Dorothée, ou encore pour Diane.

**Deirdre**, nom porté par une héroïne tragique de la mythologie celtique.

**Délia**, nom associé à la déesse de la Lune, Artémis, née sur l'île de Délos.

**Délicia**, du grec « délice ».

**Della**, variante de Dalilah ou d'Adèla (Adèle).

**Delphine**, du grec « dauphin » ; référence au site de Delphes où se tenait l'oracle d'Apollon.

**Démétria**, référence à Déméter, déesse grecque de la fertilité et des moissons (connue aussi sous le nom de Cybèle).

**Demi**, du français « moitié » ; origine latine.

**Déna**, variante récente de Dean.

**Denise**, féminin de Denis.

**Desdémone**, du grec « né sous une mauvaise étoile »...

**Désirée**, féminin de Désiré, au symbolisme évident.

**Diana**, variante de Diane.

**Diane**, nom romain d'Artémis, chasseresse et déesse de la Lune.

**Didia**, variante de Didiane.

**Didiane**, féminin de Didier.

**Dilys**, du gallois « vrai ».

**Dina**, variante orthographique de Dinah.

**Dinah**, de l'hébreu « jugé » ; dans l'Ancien Testament, c'était le nom de la fille de Jacob et de Léah.

**Dionne**, féminin de Dion, « fils de dieu » en grec.

**Dixie**, probablement issu de Dixon, « fils de Richard ».

**Djamila**, « belle » en arabe.

**Dolly**, diminutif pour Dorothée ou Dolorès.

**Dolorès**, « douleurs » en espagnol.

**Dominique**, « qui vient du Seigneur » en latin. Prénom
à la fois féminin et masculin.

**Domitia**, variante abréviative de Domitiane.

**Domitiane**, variante de Domitienne.

**Domitienne**, féminin de Domitien, du latin « triomphateur ».

**Domitille**, variante de Domitienne.

**Dona**, « dame » en espagnol.

**Donna**, variante orthographique de Dona.

**Donatienne**, féminin de Donatien, du latin « donné ».

**Dora**, diminutif de Dorothée.

**Doria**, variante de Dora.

**Doriante**, féminin de Dorian et abréviation féminisée
de Théodore, « don de dieu » en grec.

**Dorinda**, variante de Dorothée.

**Dorine**, ancien nom de personnage des comédies
de Molière.

**Doris**, diminutif de Dorothée. Nymphe marine
de la mythologie grecque.

**Dorothée**, du grec « cadeau » et « dieu ».

**Drusilla**, ancienne famille romaine ; textuellement
« l'œil humide ».

**Dulcie**, du latin « tendre et charmant ».

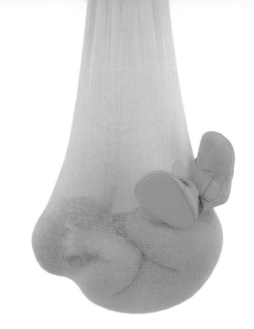

**Easter**, du vieil anglais « printemps ». Plus tard, ce nom fut
appliqué à la fête chrétienne de Pâques.

**Ebony**, terme anglais pour désigner l'ébène.

**Eda**, de l'anglo-saxon « prospérité ».

**Eddie**, diminutif d'Edwina et abréviation féminisée
d'Édouard ; du germain « gardien des biens ».

**Eddy**, variante orthographique d'Eddie.

**Eden**, de l'hébreu « délice ». Le Paradis sur terre selon la
Bible.

**Ederna**, féminin d'Edern, du gallois « géant ».

**Édith**, de l'anglo-saxon « riche, heureux » et « guerre ».

**Edma**, variante d'Edmonde.

**Edmée**, variante d'Edmonde.

**Edmonde**, féminin d'Edmond, du germain « protecteur des richesses ».

**Edna**, de l'hébreu « délicieux, désiré ».

**Édouardine**, féminin d'Édouard, du germain « gardien des biens ».

**Edwige**, du germain « biens, richesses » et « combat ».

**Edwina**, féminin d'Edwin, forme anglaise d'Édouard, « ami riche ».

**Effie**, diminutif d'Euphémia.

**Églantine**, référence à la fleur, du latin « aiguillon ».

**Egmonde**, féminin d'Egmont, du germain « qui effraie » et « protecteur ».

**Eileen**, forme irlandaise d'Hélène.

**Élaine**, variante orthographique d'Hélène.

**Eldora**, « celle qui est dorée » en espagnol.

**Éléanor**, variante d'Éléonore.

**Électre**, du grec « celle qui brille ».

**Elena**, formes italienne et espagnole d'Hélène.

**Éléonore**, forme germanique pour Hélène ; du grec « compassion » ou du latin « apaiser ». En arabe « ellinor » signifie « Dieu est lumière ».

**Éliane**, nom français qui s'appuie sur une racine grecque pour signifier « le soleil ».

**Éliette**, variante d'Éliane.

**Élina**, variante d'Éliane.

**Élisa**, raccourci d'Élisabeth.

**Élisabeth**, de l'hébreu, « le serment de Dieu ». Prénom porté par la mère de Jean le Baptiste et très prisé par les souveraines britanniques.

**Élise**, forme abréviative d'Élisabeth.

**Ella**, de l'anglo-saxon « tout ».

**Ellen**, variante médiévale d'Hélène.

**Ellie**, diminutif d'Ellen.

**Élodie**, du latin « biens personnels et précieux » ; c'est ausi le nom d'une fleur.

**Éloïse**, forme moderne pour Héloïse et Louise, signifiant « vaste » et « en bonne santé ».

**Elsa**, forme contractée germanique d'Élisabeth ; ou bien de l'anglo-saxon « noble ».

**Elsie**, abréviation écossaise pour Élisabeth.

**Elvire**, du germain « le conseil des elfes ».

**Émeline**, variante d'Émilie.

**Émeraude**, traduction du prénom Esmeralda.

**Émiliane**, variante d'Émilie.

**Émilie**, référence à une ancienne famille romaine ; le mot signifie « rival ».

**Émilienne**, composé sur Émilie ou féminin d'Émilien.

**Emma**, abréviation d'Emmanuelle. Du germain « universel ».

**Emmanuelle**, féminin d'Emmanuel, de l'hébreu « Dieu est avec nous ». Emanuelle est une variante orthographique.

**Enguerrande**, féminin d'Enguerrand, du germain « ange » et « corbeau ».

**Érica**, féminin d'Éric, terme viking signifiant « qui règne toujours ».

**Erika**, forme scandinave et allemande d'Érica.

**Ernestine**, féminin d'Ernest, du germain, « sérieux combat ».

**Erwina**, féminin d'Erwin, du germain « armée » et « ami ».

**Esmée**, variante d'Aimée en vieux français.

**Esmeralda**, textuellement « Émeraude » en espagnol.

**Estella**, variante latinisée d'Estelle.

**Estelle**, « étoile » en vieux français.

**Esther**, nom biblique, du perse « ester » qui signifie « étoile ».

**Éthel**, du vieil anglais qui signifie « noble ».

**Eudora**, du grec « bon » et « cadeau ». Usage récent.

**Eugénie**, féminin d'Eugène, « bien né ».

**Eulalie**, du grec « qui parle d'une voix douce ».

**Eunice**, du grec « bonne victoire ».

**Euphémia**, du grec « bonne réputation ».

**Eurielle**, variante d'Uriel, « ange » en celte.

**Eusébie**, féminin d'Eusèbe, du grec « pieux ».

**Eustacia**, féminin d'Eustache, du grec « fertile ».

**Éva**, variante d'Ève.

**Évangéline**, du latin « bonnes nouvelles ».

**Ève**, de l'hébreu « vie ». Première femme créée par Dieu, d'après l'Ancien Testament.

**Évelyne**, du germain « plaisant ».

**Évita**, variante affectueuse d'Éva.

**Évonne**, variante d'Yvonne.

**Fabienne**, féminin de Fabien, « qui cultive les fèves » en latin.

**Fabiola**, variante de Fabienne. Prénom porté aussi bien dans la Rome antique que de nos jours en Espagne.

**Fabricia**, féminin de Fabrice, du latin « forgeron ».

**Fanchon**, diminutif populaire de Françoise.

**Fanny**, diminutif de Françoise.

**Fantine**, prénom d'une héroïne pathétique de Victor Hugo dans *Les Misérables*.

**Farrah**, probablement de l'arabe « joie, bonheur ».

**Fatima**, de l'arabe « créateur ».

**Faustine**, féminin de Faustin, composé sur Faust.

**Fay**, variante orthographique de Faye.

**Faye**, issu du français « fée ».

**Félicie**, féminin de Félix, du latin « chance, bonheur ».

**Félicienne**, féminin de Félicien et Félix.

**Félicité**, même étymologie que Félicie.

**Féodora**, forme russe pour Théodora.

**Ferdinande**, féminin de Ferdinand ; même étymologie que Fernande.

**Fermine**, féminin de Firmin, du latin « d'esprit ferme ».

**Fernande**, féminin de Fernand, du germain « hardi protecteur de la paix ».

**Fidélia**, féminin de Fidèle, au symbolisme évident.

**Fiona**, « blanc » ou « blond » en gaélique.

**Firminienne**, féminin de Firminien, du latin « d'esprit ferme ».

**Flavia**, ancienne grande famille romaine ; le mot signifie « jaune » ou « aux cheveux blonds ».

**Flavie**, forme francisée de Flavia.

**Flavienne**, composé sur Flavia.

**Fleur**, qualificatif direct.

**Fleurance**, composé sur Fleur.

**Flora**, variante de Flore.

**Flore**, déesse du printemps dans la mythologie romaine.

**Florence**, composé sur Flore.

**Florentine**, composé diminutif de Florence.

**Florette**, diminutif populaire de Florence.

**Floria**, variante de Flora.

**Floriane**, variante de Florence et féminin de Florian.

**Florida**, variante espagnole de Florence.

**Florinda**, forme latinisée et composée sur Florence.

**Florinde**, forme française ancienne de Florinda.

**Florine**, variante populaire de Florence.

**Flossie**, diminutif référant aux prénoms apparentés à Florence.

**Fortune**, référence à la déesse antique. Symbolisme évident.

**Fran**, abréviation pour Françoise.

**France**, référence au pays.

**Francesca**, version italienne de Françoise.

**Francette**, diminutif de Françoise.

**Francine**, variante de Françoise.

**Françoise**, textuellement « de France ».

**Franny**, diminutif de Françoise.

**Fréda**, diminutif de Winifred, du germain « paix ».

**Frédérique**, féminin de Frédéric, du germain « paix » et « chef ».

**Freya**, « dame ». Déesse de l'amour dans les mythologies nordiques.

**Frieda**, variante abréviative de Fréda et de Frédérique.

**Fulberte**, féminin de Fulbert, du germain « peuple » et « brillant ».

**Fulvienne**, féminin de Fulvien, du latin « couleur fauve ».

**Gaby**, diminutif de Gabrielle.

**Gabriella**, variante latinisée de Gabrielle.

**Gabrielle**, féminin de Gabriel, de l'hébreu « homme de Dieu ».

**Gaëlle**, féminin de Gaël, du germain « étranger ».

**Gaëtane**, féminin de Gaëtan, du latin « habitant de Gaète ».

**Gaïa**, la déesse de la terre dans la mythologie grecque.

**Gala**, forme russe abréviative de Galina.

**Galina**, du grec « calme », ou bien forme russe d'Hélène.

**Galvane**, féminin de Gauvain.

**Gasparine**, féminin de Gaspard ; du sanscrit « celui qui vient voir », ou de l'hébreu « trésor ».

**Gauthière**, féminin de Gauthier, du germain « armée » et « gouverner ».

**Gayle**, variation anglo-saxonne sur Abigaël.

**Gazelle**, de l'arabe « petite antilope ».

**Gemma**, en italien « pierre précieuse ».

**Geneva**, du latin « porche » ; référence à la ville suisse.

**Geneviève**, du germain « jeune femme du peuple » ; patronne de Paris.

**Georgette**, féminin de Georges, du grec « paysan ».

**Georgia**, variante latinisée de Georgette.

**Georgina**, diminutif de Georgia.

**Géraldine**, féminin de Gérald, du germain « lance » et « chef ».

**Gérarde**, féminin de Gérard, du germain « lance » et « courageux ».

**Gérardine**, composé sur Gérarde.

**Germaine**, féminin de Germain, « frère » en latin.

**Géronima**, inspiré d'un célèbre chef indien et forme féminisée de Jérôme.

**Gertrude**, du germain « lance » et « force et fidélité ».

**Gervaise**, féminin de Gervais, du grec « honorer ».

**Ghislaine**, du germain « otage » et « dur ».

**Gianna**, forme italienne de Jeanne.

**Gilberte**, féminin de Gilbert, du germain « descendant prestigieux ».

**Gilda**, féminin de Gildas, du germain « sacrifice ».

**Gill**, féminin de Gilles ou raccourci de Gilliane.

**Gillette**, diminutif féminin composé sur Gilles.

**Gilliane**, forme anglo-saxonne francisée de Julienne.

**Gina**, diminutif de Georgina.

**Ginette**, diminutif familier de Georgette ou de Geneviève.

**Gisberte**, forme ancienne de Gilberte ou Sigisberte.

**Gisela**, forme latinisée de Gisèle.

**Gisèle**, du germain « promesse ».

**Gladys**, gallois pour Claudia.

**Glenda**, nom d'origine galloise et signifiant « pur » et « bon ».

**Glenn**, originellement sobriquet gaélique référant à la vallée.

**Gloria**, « gloire » en latin.

**Godelière**, du germain « fille de dieu ».

**Godeline**, forme francisée de Godelière.

**Golda**, nom yiddish qui veut dire « or ».

**Goldie**, variante de Golda.

**Gontrane**, féminin de Gontran, du germain « combat » et « corbeau ».

**Grâce**, du latin « gracieux ».

**Gracieuse**, même étymologie que Grâce.

**Graziella**, composé sur Grâce.

**Gregoria**, forme latinisée de Grégorine.

**Grégorine**, féminin de Grégoire, du grec « veilleur ».

**Greta**, abréviation suédoise pour Marguerite.

**Gretchen**, diminutif allemand de Marguerite.

**Gretel**, diminutif allemand de Marguerite.

**Griselda**, du germain « gris » et « bataille ».

**Gudule**, du germain « la guerre » et « la douceur ».

**Guenièvre**, forme médiévale de Geneviève. Nom gallois signifiant « béni » et « doux ».

**Guillemette**, féminin de Guillaume.

**Guillemine**, variante latinisée du féminin de Guillaume.

**Guylaine**, probablement un mélange de Guy et de Ghislaine.

**Gwen**, abréviation de Gwendoline.

**Gwenaëlle**, du celtique « blanc, heureux » et « noble, généreux ».

**Gwenda**, abréviation de Gwendoline.

**Gwendoline**, du celtique « blanc, heureux » et « cercle, anneau ».

**Gwénola**, féminin de Gwénolé, du celtique « blanc, heureux » et « valeureux ».

**Gypsy**, « bohémienne ».

**H**aïdée, du grec « caressé » ou « modeste ».

**Halima**, prénom de la nourrice du Prophète.

**Hannah**, de l'hébreu « bénie par un enfant ».

**Harmonie**, du grec « entente ».

**Harriet**, féminin anglo-saxon d'Henri signifiant « chef du foyer ».

**Harriette**, forme francisée d'Harriet.

**Hazel**, « arbre » en vieil anglais.

**Heather**, nom d'une plante, employé pour les personnes à partir du XIXᵉ siècle.

**Hebe**, du grec « jeune ». Déesse de la jeunesse dans la mythologie antique.

**Hedda**, version scandinave d'Edwige, « dispute » en germain.

**Heidi**, forme allemande pour Adélaïde.

**Hélène**, « soleil » en grec ; femme de Ménélas dont l'enlèvement par le prince troyen Pâris déclencha la sanglante guerre de Troie.

**Helga**, du viking « prospère et en bonne santé », variante d'Olga.

**Héliéna**, variante d'Hélène.

**Héloïse**, variation probable sur Louise.

**Hélyette**, probablement un mélange d'Hélène et d'Henriette.

**Henriette**, féminin d'Henri, du germain « chef du foyer ».

**Henrika**, forme scandinave d'Henriette.

**Héra**, « dame » en grec ; déesse et épouse de Jupiter.

**Hermance**, féminin d'Hermann, du germain « homme de l'armée ».

**Hermeline**, variante d'Armelle.

**Hermia**, forme féminisée d'Hermès, le messager des dieux dans la mythologie grecque.

**Hermine**, forme composée sur le féminin d'Hermès ; référence à l'animal et à sa fourrure.

**Herminie**, forme ancienne d'Hermine.

**Hermione**, composé sur Hermès ; fille d'Hélène de Troie.

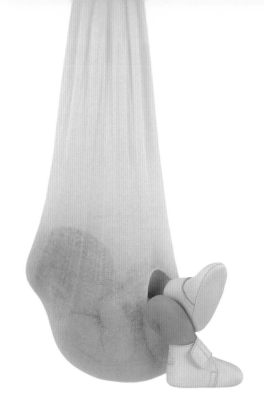

**Hilary**, du latin « joyeux ». C'est aussi le féminin d'Hilaire.

**Hilda**, « bataille » en vieux germain.

**Hildegarde**, du germain « armée, bataille » et « savoir ».

**Hippolyte**, nom de la reine des Amazones qui, actuellement, est davantage employé pour les garçons.

**Holly**, inspiré du nom d'un arbre associé à la fête de Noël.

**Honor**, du latin « honorable » ; dérivé d'Honorine.

**Honora**, variante d'Honorine.

**Honorine**, féminin d'Honoré... qualité évidente.

**Hope**, « espoir » en anglais.

**Horatia**, féminin d'Horatio ; Horatius était une grande famille patricienne romaine dont le nom signifiait « gardien des heures ».

**Hortense**, du latin « jardin ».

**Hortensia**, variante latinisée d'Hortense avec référence à la fleur du même nom.

**Huberte**, féminin d'Hubert, du germain « intelligence brillante ».

**Hubertine**, diminutif d'Huberte.

**Huguette**, féminin d'Hugues, du germain « intelligence ».

**Hyacinthe**, prénom d'abord masculin puis davantage prisé pour les filles ; dans la mythologie grecque, Apollon tua accidentellement son ami Hyacinthe, et pour se repentir le transforma en fleur, la jacinthe.

**Ianthe**, « violette » en grec ; c'était la fille de l'Océan, dieu de la mer.

**Ida**, « femme » ou « travail » en anglo-saxon. Éloquent !

**Idalia**, un des noms multiples de la déesse de l'amour, Aphrodite.

**Ignatia**, féminin d'Ignace, du latin « feu ».

**Ilana**, « arbre » en langue hébraïque.

**Ileana**, forme romaine d'Hélène.

**Ilona**, Hélène en hongrois.

**Ilsa**, abréviation allemande d'Élisabeth.

**Ilse**, forme francisée d'Ilsa.

**Iman**, « foi » en arabe.

**Imana**, nom d'un dieu africain.

**Imogène**, du celtique « innocent ».

**India**, « rivière » ; prénom associé au pays d'Asie.

**Indira**, India en langue hindi.

**Indra**, dieu du panthéon hindouiste.

**Inès**, « agneau » en espagnol.

**Inga**, abréviation d'Ingrid en suédois.

**Inge**, forme francisée d'Inga.

**Ingeborg**, « château de la déesse Inge » en vieux germanique.

**Ingrid**, du viking « beau » et « dieu de la fertilité ».

**Innocente**, féminin d'Innocent ; du latin « qui ne fait pas de mal ».

**Iola**, « brumes matinales » en grec.

**Iolanthe**, comme « lanthe », « violette » en grec.

**Iole**, forme francisée de Iola.

**Iona**, île de l'Atlantique nord situé dans l'archipel des Hébrides.

**Ione**, prénom récent inspiré probablement autant de Ianthe que de Iona.

**Irène**, déesse de la paix dans la mythologie grecque.

**Irina**, forme russe d'Irène.

**Iris**, du grec « arc-en-ciel » ; nom porté à la fois par une déesse antique et un messager des dieux ; plus directement inspiré, de nos jours, par la fleur.

**Irma**, du germain « immense, universel ».

**Isa**, diminutif d'Isabelle.

**Isabelle**, variante ibérique d'Élisabeth.

**Isadora**, féminin d'Isidore, du grec « don d'Isis ».

**Isla**, prénom écossais récent inspiré de l'île d'Islay.

**Isobel**, variante d'Isabelle.

**Isolde**, du celtique « belle ». (Orthographe francisée : Yseult.)

**Ivanne**, féminin d'Ivan, Jean en russe.

**Ivory**, « ivoire » en anglais ; nom usité depuis les colonies anglaises en Afrique.

**Ivy**, « lierre » en anglais.

# J

**Jacinthe**, référence française à la fleur qui a inspiré Hyacinthe.

**Jackie**, féminin de Jack et abréviation anglaise de Jacqueline.

**Jaclyn**, variante orthographique anglaise pour Jacqueline.

**Jacqueline**, féminin de Jacques, de l'hébreu « supplanteur ».

**Jacquette**, diminutif de Jacqueline.

**Jacquotte**, diminutif familier de Jacqueline.

**Jade**, référence à la pierre précieuse. En vogue depuis l'époque coloniale en Extrême-Orient.

**Jaime**, forme espagnole de Jacqueline.

**Jamaïca**, inpiré de l'île des Caraïbes.

**Jamie**, abréviation diminutive de Jacqueline.

**Jamila**, variante orthographique de Djamila, « belle » en arabe.

**Jane**, variante du médiéval Jehanne ; en hébreu « aimé de dieu » ; prénom employé surtout sous cette orthographe par les Anglais et immortalisé par les aventures de Tarzan.

**Jannice**, variante de Jeanine.

**Jasmine**, « la fleur de jasmin » en arabe.

**Jay**, référence anglaise à l'oiseau, le geai.

**Jeanette**, diminutif de Jeanne.

**Jeanine**, variante de Jeanne.

**Jeanne**, féminin de Jean, de l'hébreu « Dieu est miséricordieux ».

**Jehanne**, forme médiévale de Jeanne.

**Jenna**, diminutif anglais de Jennifer.

**Jenni**, diminutif de Jennifer.

**Jennifer**, du gallois « dame blanche » ou variante de Guenièvre dans les Cornouailles.

**Jenny**, diminutif anglais de Joan ou de Jennifer.

**Jeronima**, féminin de Jérôme, du grec « nom sacré ».

**Jerry**, variante orthographique de Gerry, abréviation de Géraldine.

**Jess**, abréviation de Jessica.

**Jessica**, de l'hébreu « Dieu veille ». Personnage du *Marchand de Venise* de Shakespeare.

**Jessy**, abréviation de Jessica ou diminutif affectueux écossais pour Jeannette.

**Jézabel**, « chaste » en hébreu. Nom biblique.

**Jill**, abréviation de Jilliane.

**Jilliane**, variante de Gilliane, féminin d'origine anglaise de Gilles ou de Julien.

**Jo**, abréviation anglaise pour Joan, Joanne, Johanna ou Joséphine.

**Joan**, Jeanne en anglais.

**Joanne**, variante sur Joan.

**Jocaste**, « lune brillante » en grec. Reine légendaire des mythes antiques et mère d'Œdipe.

**Jocelyne**, « joyeux » en latin, variante orthographique anglaise de Josseline.

**Jodi**, diminutif de Judith ou des prénoms débutant par Jo.

**Joëlle**, féminin de Joël, de l'hébreu « Dieu ».

**Johanna**, forme anglo-saxonne ou nordique de Jeanne.

**Johanne**, variante de Jehanne.

**Jordane**, féminin de Jordan, de l'hébreu « qui descend » en référence au Jourdain, fleuve qui coule vers la mer.

**Josée**, forme raccourcie de Joséphine.

**Joséphine**, féminin de Joseph, de l'hébreu « Dieu donne à nouveau ». Joséphine de Beauharnais, épouse de Napoléon, a certainement été la personne la plus célèbre portant ce prénom.

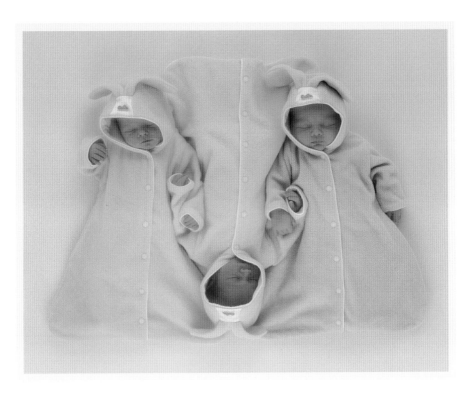

**Josette**, diminutif de Joséphine.

**Josiane**, variante de Joséphine.

**Josie**, diminutif de Josiane.

**Josse**, forme familière pour Joséphine ou Josseline.

**Josseline**, « joyeux » en latin.

**Joy**, littéralement « joie » en anglais. Utilisé en France depuis le Moyen Âge.

**Joyce**, « joyeux » en latin ou « champion » chez les Celtes ; originellement c'était un nom masculin, en usage pour les filles à partir du XIXᵉ siècle seulement.

**Juanita**, Jeannette en espagnol.

**Judicaëlle**, féminin de Judicaël, du breton « généreux seigneur ».

**Judie**, abréviation de Judith.

**Judith**, « juive » ou « du royaume de Juda » en langue hébraïque.

**Judy**, variante orthographique de Judie.

**Julia**, féminin de Julius, ancienne famille patricienne dans la Rome antique, et qui a inspiré toutes les formes autour de Jules ou Julien.

**Juliana**, forme anglo-saxonne et scandinave qui s'appuie sur Julie.

**Julie**, féminin de Jules.

**Julienne**, féminin de Julien.

**Juliette**, forme diminutive de Julienne.

**June**, abréviation de Junie et de Junon ou référence au mois de juin en anglais.

**Junon**, nom romain d'Héra, déesse et épouse de Jupiter ; féminin de Junien.

**Justine**, féminin de Juste et de Justin, du latin « juste, honnête ».

**Kahina**, prénom d'origine sémite qui signifie « la prêtresse ».

**Kali**, référence à la déesse du panthéon hindouiste.

**Kalila**, « ami proche » en arabe.

**Kalindi**, du fleuve indien, l'Hindi.

**Karen**, forme danoise abrégée de Catherine.

**Karin**, variante orthographique de Carine, « bien-aimée » ; version suédoise abrégée de Catherine.

**Karina**, du latin « genou ».

**Karla**, féminin de Karl, « homme libre », en vieux germain.

**Karyn**, variante orthographique de Carine.

**Kate**, abréviation familière anglaise de Catherine.

**Katerina**, Catherine en suédois.

**Katharina**, Catherine en russe.

**Kathleen**, variante irlandaise de Catherine, composé probable de Catherine et de Lyne.

**Kathy**, diminutif de Catherine chez les Anglo-Saxons.

**Katia**, diminutif russe pour Catherine.

**Kay**, prénom récent prisé des Anglais.

**Keisha**, origine indéterminée, probablement africaine.

**Kelly**, prénom d'origine gaélique signifiant très probablement « église ».

**Kendall**, du celtique « chef de la vallée ».

**Kendra**, prénom ne datant que des années 40 et certainement issu de Kenneth.

**Kenza**, le « trésor » en arabe.

**Keren**, « corne d'animal » en hébreu.

**Keri**, variante de Kerry.

**Keshia**, variante de Keisha.

**Kenya**, « les montagnes blanches », inspiré du pays d'Afrique.

**Kerry**, prénom irlandais, inspiré par un comté.

**Ketty**, formule familière issue de Catherine.

**Kiara**, variante orthographique de Clara.

**Kim**, diminutif de Kimberley.

**Kimberley**, sobriquet signifiant « bois de Cyneburga ». Nom d'une ville d'Afrique du Sud.

**Kinsey**, « victoire royale » en vieil anglais.

**Kiri**, « écorce d'arbre », en maori.

**Kirra**, prénom d'origine australienne, signifiant « feuille » en aborigène.

**Kirsten**, Christine en scandinave.

**Kirstie**, diminutif écossais de Christine.

**Kit**, forme contractée et familière pour Catherine.

**Kitty**, forme familière de Catherine.

**Klara**, variante de Clara.

**Korinna**, variante grecque de Corinna.

**Kris**, abréviation des prénoms commençant par Christ...

**Kristen**, variante scandinave de Christine.

**Kristie**, diminutif de Kristina.

**Kristin**, variante scandinave de Christine.

**Kristina**, Christine en scandinave.

**Kristy**, variante orthographique de Kristie.

**Kura**, « rouge » en polynésien ; « trésor » en maori.

**Kylie**, prénom d'origine australienne référant probablement à un terme aborigène pour désigner un boomerang.

**Kyra**, « souveraine » en grec.

**Laetitia**, du latin « joie, allégresse ». Prénom porté par la mère de Napoléon Bonaparte.

**Laïla**, « la nuit » en hébreu.

**Lalia**, « parole » en grec.

**Lamberte**, féminin de Lambert, du germain « pays » et « brillant ».

**Lana**, diminutif d'Alana, ou bien issu du latin « entièrement », ou encore abréviation du russe Svetlana.

**Lancelote**, féminin de Lancelot, inspiré du plus fameux des chevaliers de la Table ronde.

**Lane**, référence à une personne qui vit près d'un « chemin ».

**Lani**, « ciel » en hawaïen.

**Lara**, forme russe de Larissa popularisée par le film *Dr Jivago*.

**Larissa**, prénom typiquement russe, du latin « rieur, joyeux ».

**Latoya**, prénom récent mis à la mode par la sœur de Michael Jackson.

**Laura**, variante de Laure.

**Laure**, forme féminisée de Laurent et immortalisée par le poète Pétrarque au XIVᵉ siècle. Du latin « laurier ».

**Laurelle**, forme ancienne française pour Laure et Laurence.

**Laurence**, féminin de Laurent, du latin « laurier ».

**Laurentine**, diminutif de Laurence.

**Laurette**, forme familière de Laurence.

**Laurie**, diminutif de Laurence ou ses variantes.

**Lavande**, référence à la fleur méditerranéenne.

**Lavinia**, prénom romain inspiré d'un site : Lavinius. Dans la mythologie, c'était le prénom de l'épouse d'Énée, mère du peuple romain.

**Léa**, « lionne » en latin ou bien référence à Léah qui était, dans l'Ancien Testament, la sœur aînée de Rachel et la femme de Jacob.

**Léandra**, féminin de Léandre, du grec « lion » et « homme ».

**Léda**, la reine de Sparte dans la mythologie grecque.

**Lee**, « venant du bois » en vieil anglais.

**Léia**, variante de Léa popularisée par la Princesse Léia de la *Guerre des Étoiles*.

**Leigh**, variante anglaise de Lee.

**Leïla**, « nuit » en arabe.

**Léna**, raccourci renvoyant à tous les prénoms se terminant par ène... comme Hélène, Madeleine, etc.

**Léone**, féminin de Léon, du latin « lion ».

**Léonie**, variante de Léone.

**Léonilde**, variante formée sur Léone.

**Léonille**, ancien prénom français issu de Léone.

**Léonine**, composé sur Léone.

**Léonore**, variante d'Éléonore.

**Léontine**, composé sur Léone.

**Léopoldine**, féminin de Léopold, du germain « peuple courageux ».

**Lesley**, de l'écossais « domaine du houx ».

**Leslie**, variante orthographique de Lesley davantage employée pour les garçons.

**Leta**, « content » en latin.

**Lia**, variante de Léa.

**Liana**, diminutif de Juliana (Julienne).

**Liane**, référence à la plante et abréviation d'Éliane.

**Lila**, variante orthographique de Leïla.

**Lilas**, du nom de la fleur.

**Liliane**, variante d'Élisabeth.

**Lilith**, « monstre de la nuit » en hébreu ; première femme d'Adam avant l'apparition d'Ève.

**Lillah**, variante sur Liliane.

**Lily**, référence anglaise à la fleur de lys, symbole de pureté.

**Lina**, diminutif d'Angeline et autres prénoms possédant le même type de terminaison (Adeline, Évelyne...).

**Linda**, « joli » en espagnol ou bien « serpent » en germain.

**Lindsay**, prénom écossais évoquant une ville.

**Line**, diminutif d'Adeline, Évelyne, etc.

**Linette**, forme familière pour divers prénoms se terminant en... line ou... lène.

**Lisa**, abréviation familière pour Élisabeth.

**Lisbeth**, forme familière anglaise pour Élisabeth.

**Lise**, abréviation pour Élisabeth ou Élise.

**Liselotte**, ancien prénom français populaire composé sur Lise.

**Lisette**, forme affectueuse pour Élisabeth ou Élise.

**Lison**, diminutif populaire de Lise.

**Livia**, abréviation d'Olivia.

**Liz**, abréviation familière pour Élisabeth.

**Liza**, composé sur Liz.

**Lizzy**, variante de Liz.

**Lola**, dérivé de Dolorès, « douleurs » en espagnol.

**Lolita**, forme diminutive de Lola. Héroïne sulfureuse
du roman de Vladimir Nabokov.

**Lonny**, du germain « aimable et excellente cuisinière ».

**Lora**, forme allemande pour Laura.

**Loralie**, variante de Lorelei.

**Lorelei**, « sirène du fleuve » dans les légendes teutoniques.

**Lorelle**, variante de Lora.

**Loren**, variante de Lora.

**Loretta**, variante diminutive italienne de Lora qui s'appuie
sur le nom d'un haut lieu de pèlerinage, Loretto.

**Lorinda**, variante inspirée de Laurence.

**Lorna**, abréviation de Lorinda.

**Lorraine**, inspiré de la province française.

**Lorrie**, abréviation familière de Lorraine.

**Lotte**, abréviation familière de Charlotte.

**Lou**, raccourci « littéraire » de Louise grâce à Lou Andreas-
Salomé, égérie des poètes et des artistes du début
de ce siècle.

**Louise**, féminin de Louis dont l'une des premières formes
est Clovis, du vieux germain « fameux guerrier ».

**Louisette**, forme diminutive de Louise.

**Louison**, forme familière et populaire de Louise.

**Luce**, féminin de Luc, du latin « lux » c'est-à-dire « lumière ».

**Lucette**, forme familière de Luce.

**Lucia**, variante italienne de Luce.

**Lucie**, variante de Luce.

**Lucienne**, féminin de Lucien ; même étymologie que Luc.

**Lucile**, variante de Luce.

**Lucinda**, composé sur Luce ou Lucile.

**Lucinde**, ancien prénom inspiré de Luce et Lucile.

**Lucrèce**, nom d'une vieille famille romaine et qui signifie
« gain ». À la Renaissance, nom porté par une des Borgia.

**Ludivine**, ancien prénom français issu du germain « peuple »
et « ami ».

**Ludmilla**, du slave « aimé de son peuple » et « protection ».

**Luna**, « la lune » en latin.

**Lydérique**, féminin de Lydéric, du germain « gloire » et
« puissance ».

**Lydia**, variante de Lydie.

**Lydiane**, composé sur Lydie.

**Lydie**, du grec « habitante de la Lydie ».

**Lynda**, variante orthographique de Linda.

**Lynn**, « fleuve » en vieil anglais.

# M

**Mabelle**, abréviation d'Amabelle, vieux nom du XII<sup>e</sup> siècle.

**Macha**, forme slave pour Marie.

**Maddy**, variante diminutive de Madeleine.

**Madeleine**, de l'hébreu « tour ».

**Madeline**, variante de Madeleine.

**Madelon**, variation populaire sur Madeleine.

**Madge**, diminutif de Marguerite.

**Madison**, originellement « le fils de Maud » en anglais médiéval.

**Mado**, abrégé familier de Madeleine.

**Madonna**, « ma Dame » en italien ; titre accordé à la Vierge Marie.

**Mae**, variante de May, le mois de mai en anglais.

**Maëlle**, féminin de Maël, du vieux breton « chef, prince ».

**Maëva**, vieux mot irlandais qui signifie « enivrant ».

**Magali**, diminutif de Madeleine.

**Magda**, diminutif allemand pour Madeleine.

**Magdalène**, variante de Madeleine ; ou bien « femme venue de Magdala ».

**Maggie**, forme diminutive de Madeleine.

**Magnolia**, inspiré de la fleur au parfum réputé.

**Mahaut**, prénom médiéval français dérivé de Mathilde.

**Mai**, référence au mois de l'année.

**Maidie**, inspiré de « maid », « jeune fille » en anglais.

**Maïlys**, dérivé de Maëlle.

**Maïté**, dérivé de Marie.

**Malorie**, inspiré du vieux français « malheureux, malchanceux ».

**Malvina**, prénom inventé par un poète écossais.

**Mandie**, diminutif d'Amanda.

**Manon**, diminutif familier de Marie.

**Manuelle**, forme raccourcie d'Emmanuelle.

**Mara**, « amer » en hébreu, ou dérivé de Marie.

**Marcelia**, variante de Marcelle.

**Marcelle**, féminin de Marc et de Marcel. Ce prénom est directement inspiré du dieu de la guerre, Mars.

**Marcelline**, composé sur Marcelle.

**Marcie**, variante de Marcelia.

**Margaret**, trop de princesses anglaises ou nordiques portent ce prénom pour que l'on ignore la version anglo-saxonne de notre Marguerite.

**Margerie**, variante de Marguerite.

**Margot**, abréviation populaire mais cependant royale (la Reine Margot) de Marguerite.

**Maria**, version latinisée de Marie.

**Marianne**, du nom d'une grande famille romaine, Marius.

**Mariannick**, mélange de Marianne et d'Annick.

**Marie**, de l'hébreu « myriam », la dame. (Et aussi tous les prénoms composés tels : Marie-Claire, Marie-Claude, Marie-Christine, Marie-Paule, Marie-Pierre, etc.)

**Marielle**, composé sur Marie.

**Mariette**, composé diminutif sur Marie.

**Marigold**, « la fleur de souci » en anglais.

**Marinella**, forme méditerranéenne composée sur Marie et popularisée par une chanson de Tino Rossi.

**Marilyne**, orthographe francisée de la version anglaise de Marylène. Une certaine Marilyn Monroe a inscrit ce nom en lettres de feu dans le ciel des stars de cinéma.

**Marina**, variante de Marine.

**Marine**, référence directe à la mer et aux marins.

**Marinette**, diminutif affectueux de Marine.

**Marion**, diminutif de Marianne.

**Marjolaine**, référence à la fleur des champs et dérivé de Marguerite.

**Marjorie**, variante de Marguerite.

**Marla**, variante de Marlène.

**Marlène**, dérivé de Madeleine.

**Marline**, variante de Marlène, ou mélange de Marie et de Line.

**Marna**, variante de Marina et Marine.

**Marnie**, variante de Marina et Marine.

**Maroussia**, version slave de Marie.

**Marsha**, variante diminutive de Marcelle.

**Marthe**, de l'araméen « seigneur ».

**Martiane**, féminin de Martial ; inspiré de Mars, le dieu de la guerre.

**Martie**, diminutif de Marthe.

**Martine**, féminin de Martin, inspiré du dieu Mars.

**Marushka**, variante de Maroussia.

**Marylène**, dérivé de Madeleine, ou bien mélange de Marie et de Madeleine.

**Maryline**, variante orthographique de Marilyne.

**Marylise**, composé de Marie et de Lise.

**Maryse**, variante de Marie.

# M

**Maryvonne**, composé de Marie et d'Yvonne.

**Mathilde**, du germain « puissant » et « bataille ».

**Mattie**, diminutif de Marthe.

**Maud**, raccourci dérivé de Madeleine ou de Mathilde.

**Maura**, variante de Marie.

**Maureen**, variante anglaise de Marie.

**Mauricette**, féminin de Maurice, « qui vient de Mauritanie ».

**Mavra**, diminutif de Mauricette.

**Maxence**, prénom féminin ou masculin signifiant « le plus grand » en latin.

**Maximilienne**, féminin de Maxime, Maximin et Maximilien, « le plus grand » en latin.

**Maxine**, diminutif féminin composé sur Max ou Maxime.

**Maya**, variante de Marie.

**Mazarine**, en hommage au cardinal Mazarin ?

**Meg**, abréviation de Megan.

**Megan**, diminutif affectueux pour Margaret (Marguerite).

**Mélaine**, variante de Mélanie.

**Mélanie**, du grec « brun, foncé, noir ».

**Mélina**, variante de Mélanie.

**Mellie**, diminutif de Mélanie.

**Mélinda**, déformation de Bélinda.

**Mélisande**, prénom très médiéval inspiré de la lignée royale des Amali.

**Mélissa**, du grec « abeille à miel ».

**Mélodie**, du grec « chant ».

**Mélusine**, nom d'une fée légendaire dont le corps était pour moitié celui d'une femme, et pour moitié celui d'un serpent.

**Mercédès**, « remerciements » en espagnol.

**Mercia**, du vieil anglais « gens de la frontière ».

**Mercy**, « pitié, compassion » en anglais.

**Mérédith**, du vieux gallois « grand seigneur ». Prénom originellement masculin, désormais employé pour les filles.

**Merle**, variante diminutive de Murielle ; en français, référence à l'oiseau.

**Merry**, diminutif d'un féminin composé sur Médéric ou Mérédith, du germain « grande vigueur » et « grand seigneur ». Actuellement, le mot signifie « joyeux » en anglais.

**Meryl**, variante de Murielle.

**Mia**, raccourci scandinave de Maria ou de Maya.

**Michaela**, féminin de Michaël, de l'hébreu « qui est comme Dieu ».

**Michèle**, féminin de Michel, de l'hébreu « qui est comme Dieu ».

**Micheline**, composé sur Michèle.

**Mildred**, de l'anglo-saxon « doux » et « fort ».

**Millie**, diminutif d'Amélie, de Camille, d'Émilie ou de Mélisande.

**Mimi**, raccourci affectueux pour Marie.

**Minerve**, référence directe à la déesse de la sagesse à Rome, connue aussi sous le nom d'Athéna en Grèce.

**Minna**, du germain « amour ».

**Minnie**, diminutif écossais familier de Marie.

**Mirabelle**, « merveilleux » en latin.

**Miranda**, du latin « admirable ».

**Mireille**, du latin « prodige ».

**Mitzi**, diminutif de Marie, en allemand.

**Moana**, « océan » en maori.

**Modestie**, référence directe à la vertu, et féminin de Modeste.

**Mona**, « noble » en gaélique ou diminutif de Monique.

**Monique**, du grec « solitaire » ou du latin « conseiller ».

**Morgane**, célèbre fée tutélaire de la Bretagne ; du celtique « grand » et « brillant ».

**Morna**, du gaélique « bien-aimée ».

**Morwenna**, « jeune fille » en vieux celtique.

**Mounia**, « le souhait », « ce qui est désiré » en arabe.

**Moyra**, variation sur Marie.

**Muguette**, référence à la fleur de muguet.

**Murielle**, du gaélique « brillant » et « mer ». Prénom qui remonte au Moyen Âge.

**Mylène**, variante de Marlène.

**Myra**, prénom inventé par un poète du XVIe siècle.

**Myriam**, origine hébraïque de Marie et qui signifie « dame ».

**Myrna**, variante de Morna, « bien-aimée ».

**Myrtille**, référence à la baie des montagnes.

**Myrtle**, forme anglaise faisant référence à la myrte.

**N**ada, variante de Nadia.

**Nadège**, variante de Nadia.

**Nadette**, diminutif de Nadia.

**Nadia**, du russe « espérance ».

**Nadine**, diminutif de Nadia.

**Nan**, abréviation familière de Nancy, Anne ou Nadine.

**Nancy**, diminutif d'Anne.

**Nanette**, diminutif composé sur Nan.

**Naomi**, de l'hébreu « contentement ».

**Natacha**, variante affectueuse de Nathalie en russe.

**Natassia**, variante de Natacha.

**Nathalie**, traduction française de Natalia, « jour de Noël » en russe.

**Neda**, « né un dimanche » en slave.

**Nell**, abréviation d'Éléonore, d'Hélène et de Nelly.

**Nelly**, forme diminutive d'Hélène.

**Nerida**, « floraison » en langue aborigène d'Australie.

**Nerissa**, du grec « esprit de la mer ».

**Nerys**, « seigneur » en gallois. Prénom récent.

**Nessie**, diminutif gallois pour Agnès.

**Nestora**, féminin de Nestor, le héros grec « qui rentre chez lui sain et sauf. »

**Nevada**, de l'espagnol « enneigé ». La Sierra du même nom est célèbre.

**Nicky**, diminutif de Nicole.

**Nathanaëlle**, féminin de Nathanaël ou Nathaniel, de l'hébreu « Dieu donne ».

**Nicole**, féminin de Nicolas, du grec « victoire » et « peuple ».

**Nicolette**, diminutif de Nicole.

**Nikita**, du grec « impossible à conquérir ». Ce prénom, originellement masculin, est à présent donné aux filles.

**Nila**, inspiré du fleuve égyptien, le Nil.

**Nina**, variante russe pour Antonina (Antoinette).

**Ninette**, forme française pour Nina.

**Ninon**, variante affectueuse de Nina rendue célèbre par Ninon de Lenclos.

**Niobé**, du grec « en larmes ».

**Noëline**, variante de Noëlle.

**Noëlle**, dérivé de Nathalie ; référence à la Nativité du Christ.

**Noëmie**, de l'hébreu « ma douceur ».

**Nola**, diminutif de Finola ou féminin de Nolan, « le quadrige ».

**Nolène**, forme récente australienne composée sur Nola et variante probable de Noëlle.

**Nolwenn**, du breton « blanc, heureux ».

**Nora**, forme abréviative d'Éléonore ou d'Honora (version latinisée d'Honorine).

**Norberte**, féminin de Norbert, du germain « nord » et « brillant ».

**Norma**, « chef » en latin ; héroïne célébrée dans un opéra de Bellini.

**Nour**, de l'arabe « lumière ».

**Nova**, « nouveau » en latin.

**O**céane, référence au monde de la mer.

**Octavie**, féminin d'Octave, du latin « huit ».

**Octavienne**, variante d'Octavie.

**Odèle**, variante d'Odile.

**Odélia**, variante d'Odèle.

**Odeline**, variante composée d'Odile et de Line.

**Odessa**, du grec « long voyage » (l'« Odyssée » d'Ulysse) et nom donné à une ville de Russie.

**Odette**, forme diminutive d'Odile.

**Odile**, du germain « patrie » et « patrimoine ».

**Odinette**, féminin formé sur Odin, le dieu de l'ancienne Germanie.

**Ola**, du scandinave « descendant ».

**Olga**, du germain « chance, bonheur ».

**Olive**, du nom du fruit, symbolisant la paix.

**Olivia**, forme italienne du prénom Olive.

**Olwen**, dérivé du gallois exprimant à la fois « empreinte » et « blanc » ou « beau ».

**Olympia**, référence au Mont Olympe, royaume des dieux de la mythologie grecque.

**Ombeline**, du latin « ombrelle ».

**Oona**, variante de Una, du latin « une ».

**Opale**, référence à la pierre précieuse.

**Ophélie**, du grec « au secours ! ».

**Ophrah**, de l'hébreu « couleur fauve ».

**Oralia**, variante d'Aurélie.

**Oriane**, du latin « qui se lève ».

**Orielle**, du germain « bagarre » et « feu ».

**Orla**, du gaélique « or » et « princesse ».

**Ottalie**, féminin d'Otto, du germain « richesse, prospérité ».

**P**aige, du grec « enfant ».

**Pallas**, un des noms donnés à la déesse grecque de la sagesse, Athéna.

**Palma**, référence autant à la ville majorquine qu'au palmier.

**Paloma**, « colombe » en espagnol.

**Paméla**, du grec « tout de miel ».

**Pandora**, du grec « tout » et « cadeau ». Dans la mythologie, c'était la femme qui créait le mal dans le monde.

**Paola**, Paule latinisé.

**Pâquerette**, référence à la fleur et à la fête chrétienne de Pâques.

**Pascale**, féminin de Pascal, de l'hébreu « passage » puis référence latine à la fête pascale chrétienne.

**Patience**, référence à la vertu.

**Patricia**, féminin de Patrick et de Patrice, du latin « noble, patricien ».

**Patsy**, diminutif de Patricia très prisé chez les Anglais.

**Patty**, abréviation affectueuse de Patricia.

**Paula**, variante latinisée de Paule.

**Paule**, féminin de Paul, du latin « petit ».

**Paulette**, diminutif de Paule.

**Pauline**, composé sur Paule.

**Pearl**, « perle » en anglais.

**Peggy**, forme familière de Margaret (Marguerite) très usitée chez les Anglais.

**Pélagie**, féminin de Pélage, du grec « de haute mer ».

**Pénélope**, inspirée de la mythique et fidèle épouse d'Ulysse ; du grec « tisserande ».

**Penny**, contraction de Pénélope.

**Perdita**, « perdue » en latin.

**Pernelle**, prénom médiéval français. Dame Pernelle fut, dans le Paris du Moyen Âge, la compagne de l'alchimiste Nicolas Flamel.

**Perrette**, version populaire de Pierrette.

**Perrine**, diminutif populaire de Pierrette.

**Perséphone**, « qui inspire » en grec ancien. Dans la mythologie, c'était la fille de Déméter, déesse de la Terre et des moissons ; enlevée par le dieu des enfers, elle obtint de celui-ci de passer la moitié de l'année auprès de lui et l'autre moitié avec sa mère à la surface de la terre.

**Persia**, inspiré de l'ancien royaume d'Orient.

**Pervenche**, référence à la fleur.

**Petra**, du grec « pierre » et nom de la ville mythique des Nabatéens dans le désert de Jordanie.

**Pétronille**, vieux prénom français formé sur Pierre. Une ancienne famille romaine s'appellait Petronius, avec la même référence grecque à la « pierre ».

**Pétula**, probablement du latin « rechercher » et « attaquer ».
Usage récent.

**Phèdre**, « celle qui brille » ; prénom porté par la femme
du héros grec Thésée.

**Philadelphie**, « amour fraternel » en grec.

**Philiberte**, féminin de Philibert, du germain « beaucoup »
et « brillant ».

**Philippa**, féminin latinisé de Philippe, du grec « amoureux
des chevaux ».

**Philippine**, variante féminine de Philippe.

**Philomène**, vieux nom français, du grec « je suis aimé ».

**Phoebé**, « celle qui brille » ; c'était la sœur d'Apollon, dieu
du soleil.

**Phyllis**, « feuillu » en grec. Dans la mythologie, la fille du roi
de Thrace se suicida par amour et se transforma en
amandier.

**Pia**, du latin « pieux ».

**Pierrette**, féminin de Pierre, de « petros » en grec,
le rocher.

**Polly**, forme anglaise familière pour Marie.

**Portia**, féminin de Portius, ancienne famille romaine
et signifiant « offrande ».

**Primrose**, du latin « primevère ».

**Prisca**, abrégé de Priscilla.

**Priscilla**, du latin « antique » et variation sur une grande
famille de patriciens romains, Priscus.

**Prudence**, référence à la vertu.

**Prune**, comme le fruit du même nom, du latin « prunum ».

**Queen**, « reine » en anglais.

**Quinta**, du latin « cinq » ; version féminisée de Quentin.

**Quintila**, variante de Quinta.

**Quintilienne**, féminin de Quentin et Quintilien.

**Quintina**, diminutif de Quinta.

**Rachel**, de l'hébreu « brebis ».

**Rachida**, « sage » en arabe.

**Rachilde**, variante de Rachel.

**Rae**, féminin de Ray ou abrégé de Rachel.

**Raelène**, composé récent de Rae et de la terminaison « lène » commun à beaucoup de prénoms féminins.

**Raewynne**, composé moderne de Rae et de Wynne, abréviation de Winifred.

**Raine**, probablement une variante de Reine.

**Ramona**, forme latinisée de Raymonde.

**Raniera**, féminin de Rainier, du germain « conseil » et « armée ».

**Raphaëlle**, féminin de Raphaël, nom d'un archange ; de l'hébreu « Dieu a guéri ».

**Raquel**, Rachel en espagnol.

**Raymonde**, féminin de Raymond, du germain « conseil » et « protection ».

**Reba**, diminutif de Rebecca.

**Rébecca**, de l'hébreu « joug », autrement dit, dans le contexte biblique, « servante de Dieu ».

**Regan**, une des filles du Roi Lear ; originellement sobriquet irlandais.

**Regina**, du latin « reine ».

**Régine**, forme francisée de Regina et féminin de Régis.

**Reine**, titre royal devenu prénom.

**Réjane**, nom d'une célèbre comédienne parisienne du début du siècle.

**Réna**, diminutif de Séréna.

**Renate**, variante de Renée.

**Renaude**, féminin de Renaud, du germain « conseil » et « gouverner ».

**Renée**, féminin de René, « né une deuxième fois ».

**Renie**, diminutif d'Irène.

**Rhéa**, du grec « terre » ; nom porté par la mère de Jupiter.

**Rhoda**, du grec « rose », ou « habitante de l'île de Rhodes ».

**Rhonda**, nom gallois signifiant probablement « fleuve puissant ».

**Ria**, abréviations de noms comme Maria ou Victoria, ou encore variante de Rhéa ; en espagnol « petit cours d'eau ».

**Richarde**, féminin de Richard, du germain « puissant roi ».

**Richardine**, variante de Richarde.

**Rickie**, forme diminutive de Richarde ou variante familière d'Érika.

**Rita**, forme abrégée de Marguerita ; en sanscrit, ce mot signifie « brave, honnête ».

**Riva**, « bord de la rivière ».

**Rivka**, variante de Rebecca.

**Roanna**, du latin « douce et gracieuse ».

R

**Roberte**, féminin de Robert, du germain « glorieuse réputation ».

**Robertine**, diminutif de Roberte.

**Robine**, féminin de Robert et surtout Robin, « rouge-gorge » en anglais.

**Rochelle**, « petit rocher ».

**Rochette**, forme familière de Rochelle.

**Rodérica**, féminin de Rodéric, du germain « gloire » et « puissance ».

**Rogère**, féminin de Roger, du germain « gloire » et « lance ».

**Rolande**, féminin de Roland, du germain « glorieux dans le pays ».

**Roma**, inspiré de la cité italienne.

**Romaine**, « habitante de Rome ».

**Romane**, variante de Romaine.

**Romualdine**, féminin de Romuald, du germain « gloire » et « gouverner ».

**Romy**, contraction de Rose-Marie. Prénom rendu célèbre par l'actrice Romy Schneider.

**Rosa**, « rose » en latin et « cheval » en vieux germain.

**Rosabelle**, composé de Rose et d'Isabelle.

**Rosalie**, extension de Rose.

**Rosalinde**, forme ancienne de Rosalie ; ou bien du vieux germain associant « cheval » et « serpent ».

**Rosaline**, composé de Rosa et de Line.

**Rosanna**, composé de Rose et d'Anne latinisé.

**Rose**, référence à la fleur.

**Roseanne**, variante de Rosanna.

**Roseline**, composé de Rose et de Line.

**Rosemonde**, du germain « cheval » et « protection », ou du latin « rose pure ». Prénom ancien et littéraire.

**Rosette**, forme diminutive issue de Rose.

**Rosie**, abréviation de Rosine.

**Rosine**, variante issue de Rose.

**Rosita**, « petite rose » en espagnol.

**Rowan**, du gaélique « la petite rouge », ou inspiré du nom d'un arbre, le sorbier, dont les fruits se présentent sous forme de grappes rouges.

**Rowena**, forme latinisée de Rowen. En vieil anglais, ce nom signifie « réputation » et « joie ».

**Roxane**, du perse « aurore ». Prénom porté par la femme d'Alexandre le Grand et par la partenaire féminine de Cyrano de Bergerac selon Rostand.

**Ruby**, du latin « rouge » ; référence à la pierre précieuse.

**Ruth**, de l'hébreu « compagne ».

# S

**Sabine**, du latin « habitante de la Sabine ».

**Sabrina**, nom romain de la rivière Severn ; déesse fluviale en vieux celtique.

**Sacha**, diminutif russe d'Alexandra. Prénom également masculin.

**Sadie**, diminutif pour Sarah.

**Safia**, de l'arabe « pure », « loyale ».

**Sally**, diminutif de Sarah.

**Salomé**, de l'hébreu « paix ». Belle-fille d'Hérode qui, à l'issue d'une légendaire danse des sept voiles, exigea la tête de Jean-Baptiste sur un plateau.

**Samantha**, probablement de l'araméen « qui écoute ».

**Samia**, féminin du prénom arabe Sami, « haut », « élevé ».

**Sana**, « grandeur » en arabe.

**Sandie**, variante de Sandra, diminutif d'Alexandra.

**Sandra**, diminutif d'Alexandra.

**Sandrine**, diminutif composé sur Alexandra.

**Sapphire**, « saphir » en anglais.

**Sarah**, de l'hébreu « princesse » ; femme d'Abraham et mère d'Isaac dans l'Ancien Testament.

**Savannah**, de l'espagnol, « plaine sans arbre ».

**Scarlett**, du vieux français « marchand d'étoffes » ; proche aussi de l'actuel mot anglais « scarlet » signifiant « pourpre » ; prénom de l'héroïne d'*Autant en emporte le vent*.

**Sébastienne**, féminin de Sébastien, du grec « honoré ».

**Ségolène**, du germain « victoire ».

**Séléna**, variation de Célina ou référence à la déesse de la Lune.

**Selima**, féminin de Salomon, « paix » en hébreu.

**Selma**, « jolie » en celtique.

**Séphora**, de l'hébreu « oiselle ».

**Septima**, « sept » en latin.

**Séraphine**, féminin de Séraphin, de l'hébreu « ceux qui brûlent » ; prénom donné à une catégorie d'anges célestes.

**Séréna**, « calme » en latin.

**Sergine**, féminin de Serge ; une famille de patriciens romains se nommait Sergius mais elle était probablement d'origine étrusque.

**Servane**, féminin de Servan ; prénom celtique.

**Séverine**, féminin de Sévère et de Séverin, du latin « grave, rigoureux, austère ».

**Shannon**, « ancien dieu », et inspiré d'une rivière irlandaise.

**Sharon**, de l'hébreu « plat pays ».

**Shauna**, féminin du nom irlandais Sean, de l'hébreu « Dieu a favorisé ».

**Shea**, originellement sobriquet irlandais voulant dire « feu » et « bienfaisant ».

**Sheba**, abréviation anglaise de Bethsabée.

**Sheena**, variante de Sine, gaélique pour Jane.

**Sheila**, de « Sile », gaélique pour Cécilia.

**Shelley**, devenu prénom pour honorer la mémoire du grand poète romantique Percy Bysshe Shelley.

**Shérazade**, « reine » en persan.

**Sheridan**, prénom irlandais masculin et féminin.

**Shirlène**, composé sur Shirley.

**Shirley**, du vieil anglais « venant d'une lumineuse clairière de la forêt ».

**Shoshana**, de l'hébreu « lys » et variante pour Suzanne.

**Sian**, Jane en irlandais.

**Sibylle**, nom donné aux devineresses de l'Antiquité.

**Sidney**, primitivement réfère à Saint Denis ; en vieil anglais ce terme renvoie à une « vaste prairie ».

**Sidonie**, du latin « originaire de Sidon ».

**Siegfreda**, féminin de Siegfried, du germain « victoire » et « paix ».

**Siena**, inspiré de la ville italienne.

**Sierra**, inspiré de l'espagnol « chaîne de montagnes ».

**Sigismonde**, féminin de Siegmund et Sigismond, du germain « victoire » et « protection ».

**Signy**, du viking « nouvelle victoire ».

**Sigourney**, peut-être du vieux français « ancien locataire ».

**Sigrid**, du germain « belle victoire ».

**Siham**, « la flèche » en arabe.

**Silver**, « métal argent » en anglais.

**Simone**, féminin de Simon, de l'hébreu « qui a été entendu »... donc exaucé !

**Sinead**, Jeannette en gaélique.

**Sirine**, « content » en persan.

**Sissi**, contraction de divers noms débutant par Si..., Sé..., Ci... ou Cé..., mais plus sûrement formule affectueuse qui désignait Élisabeth d'Autriche.

**Sixtine**, diminutif féminin de Sixte.

**Sky**, « ciel » en vieux nordique.

**Sofia**, suédois pour Sophie et référence à la ville des Balkans.

# S

**Solange**, du latin « solennel ».

**Soledad**, « le soleil » en espagnol.

**Solène**, variante de Solange ; consonance qui réfère au soleil.

**Soline**, variante de Solène.

**Solveig**, prénom prisé en Scandinavie et qui renvoie à la « force » et au « soleil ».

**Sondra**, variante de Sandra, diminutif d'Alexandra.

**Sonia**, variante russe de Sophie. Forme affectueuse.

**Sonya**, variante orthographique de Sonia.

**Sophia**, forme latinisée de Sophie.

**Sophie**, « la sagesse » en grec.

**Soraya**, du nom arabe de la constellation des Pléiades.

**Spring**, « printemps » et « source » en anglais.

**Stacey**, forme anglo-saxonne d'Anastasie.

**Star**, « étoile » en anglais.

**Steffie**, diminutif de Stéphane.

**Stella**, dérivé d'Estelle, du latin « étoile ».

**Stéphane**, prénom masculin et féminin issu d'Étienne, de l'hébreu « couronne ».

**Stéphanie**, composé sur Stéphane.

**Sue**, raccourci de Suzanne.

**Susie**, diminutif de Suzanne.

**Suzanne**, de l'hébreu « lys ».

**Suzelle**, dérivé de Suzanne.

**Suzette**, forme familière de Suzanne.

**Suzon**, abrégé populaire de Suzanne.

**Svetlana**, prénom russe.

**Swann**, prénom masculin et féminin du germain « cygne ».

**Sylva**, du latin « la forêt ».

**Sylvaine**, féminin de Sylvain, « lutin de la forêt ».

**Sylvette**, diminutif de Sylva.

**Sylvia**, variante de Sylva.

**Sylviane**, composé sur Sylvia.

**Sylvie**, variante francisée de Sylva.

**Tabitha**, « gazelle » en araméen.

**Tacita**, du latin « silencieuse ».

**Talia**, abrégé de Natalia, du grec « plein ».

**Talitha**, « petite fille » en araméen.

**Tallula**, du gaélique « abondance » et « princesse ».

**Tamara**, prénom russe, de l'hébreu « palmier ».

**Tania**, diminutif de Tatiana.

**Tanith**, déesse de l'amour chez les Carthaginois.

**Tara**, « colline » en gaélique et site privilégié des anciens rois d'Irlande.

**Tatiana**, prénom russe issu d'une ancienne famille patricienne de Rome.

**Tatum**, « la ferme de Tate » en vieil anglais.

**Taylor**, de l'anglais « tailleur ».

**Térentia**, féminin de Térence, inspiré du nom de la déesse romaine des moissons, Terensis.

**Terri**, abréviation affectueuse de Thérèse.

**Tess**, variante de Tessa.

**Tessa**, diminutif de Thérèse.

**Thaïs**, d'un mot grec désignant un bandeau de couleur.

**Thalie**, Muse de la comédie dans la mythologie grecque.

**Théa**, diminutif de Dorothéa, Althéa ou Théodora.

**Thelma**, du grec « vœu » et « volonté ».

**Théodora**, féminin latinisé de Théodore, du grec « don de Dieu ».

**Théodorine**, féminin de Théodore.

**Théodosia**, féminin adapté de Théodose, du grec « dieu » et « donner ».

**Théophilia**, féminin de Théophile, du grec « dieu » et « aimer ».

**Théra**, du grec « sauvage ».

**Thérèse**, « de l'île de Théra », ancienne appellation de Santorin.

**Thibaude**, féminin de Thibaud, du germain « peuple » et « audacieux ».

**Thomasine**, féminin de Thomas, de l'araméen « jumeau ».

**Thorina**, féminin de Thor, et référence au dieu germanique.

**Thyra**, « habitante de la ville de « Tyr » ou bien « voué au dieu Thor », dieu nordique de la guerre.

**Tiara**, du latin « tiare ».

**Tiffany**, variante orthographique de Tiphanie.

**Tigrane**, féminin de Tigre, référence autant au fleuve du Moyen-Orient qu'à l'animal.

**Tilly**, diminutif de Mathilde.

**Timothéa**, féminin de Timothé, du grec « honore Dieu ».

**Tina**, abrégé latinisé de tous les prénoms se terminant par tine..., comme Christine ou Martine.

**Tiphaine**, variante de Tiphanie ; nom d'une reine du Moyen Âge.

**Tiphanie**, du grec « Dieu apparaît ».

**Tirzah**, de l'hébreu « plaisant, délicieux ».

**Toinette**, diminutif d'Antoinette.

**Toinon**, diminutif populaire d'Antoinette.

**Toni**, abréviation d'Antonia (Antoinette).

**Tonia**, diminutif d'Antonia.

**Toussainte**, féminin de Toussaint, contraction de « tous les saints ».

**Tracey**, originellement sobriquet masculin, ce nom issu d'une ancienne famille romaine, Thracius (« de Thrace »), est désormais donné aux filles.

**Tricia**, diminutif de Patricia.

**Trinity**, « trinité » en anglais ; référence à la Sainte Trinité du dogme chrétien.

**Tristane**, féminin de Tristan, probablement du celtique « tumulte ».

**Trudie**, du germain « force » et abréviation affectueuse pour Gertrude.

**Tuesday**, mardi en anglais.

**Tui**, nom d'un oiseau en maori.

**Ulla**, abréviation d'Ursula, du latin « femelle de l'ours » ; ou bien du celtique « ula », joyau de la mer.

**Ulrica**, féminin d'Ulric, du viking « loup » et « chef ».

**Uma**, du sanscrit « lin ».

**Una**, du latin « une ».

**Urbaine**, féminin d'Urbain, du latin « citadin ».

**Urielle**, du celtique « ange ».

**Ursula**, variante latinisée d'Ursule.

**Ursule**, du latin « femelle ourse ».

**Ursuline**, variante d'Ursule.

**Uta**, diminutif d'Ottalie, féminin d'Otto.

**Valentine**, féminin de Valentin, du latin « fort et en bonne santé ».

**Valériane**, composé sur Valérie et référence à la plante médicinale.

**Valérie**, féminin de Valère, du latin « être bien portant ».

**Vanessa**, prénom inventé par l'écrivain et poète Jonathan Swift au XVIIIe siècle.

**Vanina**, diminutif de Vanessa.

**Varda**, « rose » en hébreu.

**Vénétia**, du nom d'une région en Italie.

**Venise**, du nom de la sérénissime cité italienne.

**Vénus**, référence à la déesse de l'amour.

**Véra**, du slave « foi ». En italien actuel « vrai ».

**Véréna**, prénom d'origine helvético-germanique.

**Verna**, du latin « printemps ».

**Vérona**, prénom inspiré de la ville italienne, célèbre pour avoir abrité, d'après Shakespeare, les amours tragiques de Roméo et Juliette.

**Véronique**, forme latine de Bérénice, « véritable icône » ou « image » en référence à l'image du Christ.

**Vesta**, déesse romaine de la santé.

**Vicky**, abrégé familier de Victoria (Victoire).

**Victoire**, étymologie évidente.

**Victoria**, forme latinisée de Victoire ; symbolisme éloquent.

**Victorine**, féminin de Victorin, « le victorieux ».

**Vienna**, inspiré de la ville autrichienne.

**Vinciane**, féminin de Vincent, du latin « qui triomphe ».

**Viola**, du latin « violette ».

**Violaine**, dérivé de Violette.

**Violette**, diminutif affectueux pour Viola.

**Virginia**, du latin « vierge, pure ».

**Virginie**, forme francisée de Virginia.

**Viridiana**, prénom d'origine composite et titre d'un film de Luis Buñuel.

**Vita**, du latin « vie ».

**Viviane**, du latin « vivant » ; nom d'une fée tutélaire celtique.

**Vivienne**, variante de Viviane et féminin de Vivien.

**Wanda**, du germain « tige, pied, souche ».

**Wassila**, « l'influente » en arabe.

**Wendy**, personnage merveilleux qui accompagne *Peter Pan* dans ses aventures.

**Whitney**, prénom anglais référant à une « île blanche ».

**Wilhelmina**, féminin allemand qui s'appuie sur William, traduction de Guillaume ; ce prénom signifie « volonté » et « protéger ».

**Willa**, abrégé féminin de William.

**Wilma**, abréviation de Wilhelmina.

**Winifred**, en vieux gallois références à « blanc », à « béni » et à « réconciliation ».

**Winona**, « fille aînée » en sioux.

**Wynne**, raccourci familier de Winifred avec une connotation en vieil anglais de beauté et d'amitié.

**X**anthe, « jaune et brillant » en grec ancien.

**Xavière**, féminin de Xavier, du basque « nouvelle maison ».

**Xénia**, du grec « hospitalité ».

**Y**annick, dérivé de Jeanne.

**Yasmine**, de l'arabe « fleur de jasmin » et variante orthographique de Jasmine.

**Yoko**, « bonne » en japonais.

**Yolande**, ancien prénom français dérivé de Viola (Violette).

**Yolène**, variante de Yolande.

**Ysanne**, mélange récent d'Yseult et d'Anne.

**Yseult**, orthographe médiévale d'Isolde.

**Yveline**, composé sur le féminin d'Yves, du germain « if ».

**Yvette**, diminutif du féminin d'Yves.

**Yvonne**, féminin d'Yvon, même étymologie qu'Yves.

**Z**ara, variante de Sarah ou « fleur » en arabe.

**Zazie**, invention de Raymond Queneau.

**Zelah**, vieux nom biblique signifiant « côté ».

**Zelda**, usage récent qui s'appuie sur une forme abrégée de Griselda.

**Zélie**, diminutif de Solange.

**Zéline**, variante de Zélie.

**Zena**, « femme » en perse.

**Zénobie**, du grec « ornement du père » et ancienne impératrice de Palmyre.

**Zéphyrine**, féminin de Zéphyrin, du latin « zéphyr ».

**Zinnia**, référence à la fleur.

**Zita**, origine probablement toscane et médiévale pour indiquer la « fille ».

**Zoé**, « vie » en grec.

**Zora**, variante diminutive d'Aurora (Aurore).

**Zsa Zsa**, diminutif familier hongrois pour Suzanne.

**Zula**, référence aux tribus zoulous.

# prénoms de garçons

**Aaron**, prénom hébraïque qui signifie probablement « haute montagne ».

**Abbas**, prénom musulman ; référence à la dynastie des Abbassides.

**Abbott**, dérivé d'un mot qui, en vieil anglais, renvoyait au Supérieur d'une abbaye ; de l'araméen « père ».

**Abel**, de l'hébreu « souffle » et « faiblesse ». Abel, tué par son frère Caïn, fut la première victime d'un crime, selon les Écritures.

**Abélard**, composé sur Abel. Religieux célèbre pour avoir entretenu une passion illicite avec la nonne Héloïse.

**Abner**, de l'hébreu « père de lumière ».

**Abraham**, « père d'une descendance nombreuse » en hébreu. Père fondateur de la communauté des Hébreux.

**Ace**, « as, un, le meilleur » en latin.

**Achille**, héros grec de la guerre de Troie et dont la vulnérabilité se situait en un point du talon. Ce qui lui fut fatal...

**Acton**, « qui vient de la ville près des chênes » en vieil anglais.

**Adair**, Edgar en écossais.

**Adam**, « né de la terre » en hébreu. Premier homme de la Bible.

**Addison**, « fils d'Adam » en vieil anglais.

**Adhémar**, variante d'Aldemar, du germain « noble et illustre maison ».

**Adler**, du germain « aigle ».

**Adolphe**, du germain « loup » et « noble ».

**Adrian**, forme anglo-saxonne pour Adrien.

**Adrien**, référence à l'empereur romain Hadrien et à Adria, ville de Vénétie fondée par les Étrusques et qui a donné son nom à la mer Adriatique.

**Ahmed**, « valeureux » en arabe.

**Aimable**, référence à la vertu.

**Aimé**, étymologie latine évidente.

**Al**, abrégé d'Alan ou article défini en italien.

**Alain**, forme francisée d'Alan.

**Alan**, du celtique « esprit » et « rocher », ou de l'indo-européen « harmonieux ».

**Alaric**, du germain « tout-puissant ».

**Alban**, du latin « blanc ».

**Albéric**, du germain « puissant roi » ou « puissant elfe » !

**Albert**, du germain « noble » et « réputé ».

**Albin**, variante d'Alban.

**Albrecht**, Albert en allemand.

**Aldo**, du germain « vieux et sage ».

**Aldous**, variante issue d'Aldo.

**Aldred**, « vieux conseil » en anglo-saxon.

**Alec**, diminutif écossais d'Alexandre.

**Alex**, diminutif d'Alexandre.

**Alexandre**, du grec « guerrier qui protège les siens ».

**Alexis**, variante d'Alexandre.

**Alfred**, « conseil des elfes » en vieil anglais.

**Algernon**, du vieux français « qui porte des favoris ».

**Ali**, en arabe « exalté ».

**Alistair**, variante écossaise d'Alexandre.

**Allan**, variante orthographique d'Alan.

**Allen**, variante orthographique d'Allan.

**Aloïs**, variante de Louis.

**Aloysius**, variante latinisée composée sur Louis.

**Alphonse**, « noble et rapide » en germain.

**Alvin**, en vieil anglais « elfe ami ».

**Amadeus**, du latin « qui aime Dieu ».

**Amalric**, qui se réfère à la puissance de la famille royale wisigothe Amali.

**Amand**, du latin « aimable ».

**Amaury**, même étymologie qu'Amalric.

**Ambroise**, « immortel » en grec.

**Amédée**, forme française d'Amadeus, « qui aime Dieu ».

**Amir**, « prince local » en arabe.

**Amory**, du teuton « fameux chef ».

**Anastase**, du grec latinisé « né une seconde fois ».

**Anatole**, du grec « oriental ».

**Anderson**, de l'anglais « fils d'Andrew » (d'André).

**André**, du grec « illustre parmi les hommes ».

**Andy**, diminutif d'André.

**Ange**, référence directe à l'être céleste.

**Angus**, du gaélique « un seul choix ». Aengus était le dieu celte de l'amour.

**Anicet**, soit du latin « anis », soit du grec « invincible ».

**Ansel**, diminutif d'Anselme.

**Anselme**, du germain « bon » et « heaume ».

**Anson**, « fils d'Anne » en vieil anglais.

**Anthelme**, variante d'Anselme.

**Anthony**, Antoine en anglais.

**Antoine**, du grec « inestimable ».

**Antonin**, variante d'Antoine.

**Apollinaire**, du grec « qui inspire » par référence au dieu Apollon.

**Arcadius**, référence à l'ancienne contrée bucolique du Péloponnèse, l'Arcadie.

**Arcady**, même étymologie que pour Arcadius.

**Archer**, textuellement un « archer ».

**Archibald**, du germain « vrai et brave ».

**Ari**, variante d'Arye, « lion » en hébreu.

**Ariel**, « lion de Dieu » en langue hébraïque.

**Aristide**, du grec « fils du meilleur ».

**Aristote**, « le meilleur » en grec ancien.

**Arlow**, de l'anglo-saxon « ville fortifiée ».

**Armand**, du germain Hermann, « homme de guerre puissant ».

**Armin**, variante allemande sur Hermann ou référence au dieu germanique Irmin.

**Arnaud**, du germain « gouverneur » et « aigle ».

**Arnold**, variante d'Arnaud.

**Arnould**, forme ancienne d'Arnaud.

**Arsène**, du grec « viril ».

**Arthur**, du celtique « ours ». Nom du roi légendaire qui présidait au cercle des chevaliers de la Table ronde.

**Asher**, « heureux » en hébreu.

**Ashley**, « charbon de bois » en vieil anglais ; prénom masculin et féminin.

**Ashton**, « installation, colonisation » en anglo-saxon.

**Athanase**, du grec « immortel ».

**Auberon**, diminutif d'Aubrey.

**Aubin**, du latin « blanc » ; variante d'Alban.

**Aubrey**, du germain « puissance des elfes ».

**Auguste**, « magnifique » en latin. Nom accolé à celui des empereurs romains de l'Antiquité.

**Augustin**, composé sur Auguste.

**Aurèle**, « matinée » en grec et « doré » en latin.

**Aurélien**, variante d'Aurèle.

**Austen**, variante d'Austin.

**Austin**, forme diminutive médiévale anglaise pour Auguste.

**Averill**, du vieil anglais « sanglier » et « bataille ».

**Avery**, diminutif d'Alfred.

**Axel**, d'origine scandinave, du prénom hébreu Absalom, signifiant « père de la paix ».

**Aymar**, du germain « illustre maison ».

**Aymeric**, du germain « puissante maison ».

**Aymon**, du germain « maison ».

**Aziz**, « puissant » en arabe.

**Bailey**, « bailli », terme qui remonte aux structures sociales médiévales.

**Baird**, « ménestrel » en celtique (notre « barde »).

**Baldwin**, version anglaise de Baudoin, du germain « ami audacieux ».

**Balthazar**, formulation grecque à partir de l'Ancien Testament et qui signifie « Baal protège le roi ».

**Baptiste**, « celui qui immerge » en grec.

**Baptistin**, composé sur Baptiste.

**Barclay**, écossais pour « bois de bouleau ».

**Barnabé**, de l'hébreu « fils de consolation ».

**Barnard**, variante de Bernard.

**Barney**, diminutif anglais de Barnabé et de Bernard.

**Barry**, du gaélique « lance, javelot ».

**Bart**, diminutif familier de Bartholomé et Barthélémy.

**Barthélémy**, de l'araméen « fils qui trace un sillon ».

**Bartholomé**, variante de Barthélémy.

**Bartolo**, forme diminutive italienne de Barthélémy.

**Barton**, ancien diminutif anglais de Barthélémy.

**Basile**, du grec « royal ». Le fondateur de l'Église orthodoxe d'Orient.

**Bastien**, raccourci de Sébastien, « honoré ».

**Bathylle**, variante de Basile ou de Bastien.

**Baudoin**, du germain « audacieux ami ».

**Baxter**, référence médiévale au « boulanger ».

**Bayard**, du vieil anglais « à la tête rouge » ; le Chevalier Bayard demeure un fleuron de l'esprit et de l'idéal chevaleresque dans la France du Moyen Âge.

**Beau**, prénom très prisé des Anglais directement inspiré du mot français.

**Beaumont**, du français « belle montagne ».

**Ben**, abréviation de Benjamin ou de Benoît.

**Bénard**, variante de Bernard.

**Benjamin**, « fils de la main droite » en hébreu, appellation qui désignait, dans les Écritures, le fils cadet de Jacob.

**Bennett**, variante anglo-saxonne de Bénédict, nom plus communément usité en français sous sa forme féminisée.

**Benny**, diminutif de Benjamin.

**Benoît**, du latin « bien nommé » et par conséquent « protégé de Dieu ».

**Benson**, de l'anglo-saxon « fils de Ben ».

**Bentley**, du vieil anglais « venu de la ferme où l'herbe se courbe ».

**Benton**, variante de Bentley.

**Bérenger**, du germain « ours » et « lance ».

**Bernard**, du germain « brave comme un ours ». Saint Bernard est le patron des montagnards.

**Bernardin**, variante composée sur Bernard.

**Bernie**, diminutif de Bernard.

**Bert**, diminutif familier pour Albert ou Bertrand.

**Bertie**, diminutif d'Albert ou de Bertrand.

**Bertram**, du germain « brillant corbeau ».

**Bertrand**, forme francisée de Bertram.

**Bevan**, du gallois « fils d'Evan » (de Jean).

**Bevis**, origine probable dans le vieux français et qui renvoie à « cher fils », ou bien référence à la ville de Beauvais, place-forte importante à l'époque médiévale.

**Bienvenue**, ancien prénom français qui se rencontre plus souvent en Italie sous la forme Benvenuto.

**Bill**, diminutif courant de William (Guillaume) rendu populaire par les films de western.

**Billy**, diminutif de William (Guillaume).

**Bjorn**, « ours » en viking.

**Blair**, du gaélique « qui vient de la plaine ».

**Blaise**, « qui zézaie » en latin.

**Blake**, du vieil anglais « noir » ou « livide ».

**Bo**, du viking « qui tient une maison ». Prénom très prisé en Scandinavie.

**Boaz**, de l'hébreu « vif, rapide ».

**Bob**, diminutif de Robert.

**Bobby**, diminutif de Robert.

**Bogart**, du vieux français « arc puissant ».

**Bonaventure**, étymologie évidente. Nom peu usité de nos jours.

**Boniface**, du latin « celui qui a bonne figure » ou « bonne destinée ».

**Boris**, abrégé de Borislav, « gloire des batailles » en russe.

**Boston**, inspiré de la ville américaine. Usage récent.

**Bowie**, du gaélique « aux cheveux blonds ».

**Boyd**, forme écossaise de Bowie.

**Brad**, « large, vaste » en vieil anglais ; diminutif de Bradford et de Bradley.

**Braden**, gaélique pour « saumon ».

**Bradford**, du vieil anglais « qui a passé le gué ».

**Bradley**, du vieil anglais « qui vient de la prairie ».

**Brandon**, variante de Brendan.

**Brendan**, du celtique « prince ».

**Brennan**, « goutte d'eau » en gaélique.

**Brent**, du vieil anglais « haut » et « brûlé ».

**Brett**, prénom originellement ethnique désignant les Bretons.

**Briac**, variante de Brian ou de Brice.

**Brian**, du celtique « haut » et « noble ».

**Brice**, du celtique « fils de Rhys » ; étymologiquement vient de « force ».

**Brieuc**, prénom breton issu de Brian, ou de Bruce.

**Broderick**, du gallois « fils de Roderick ».

**Bronson**, du vieil anglais « fils de l'homme à la peau sombre ».

**Bruce**, du celtique « force » et « accroissement ».

**Bruno**, du latin « brun » ou du germain « bouclier » et « armure ».

**Bryan**, variante de Brian.

**Bryce**, variante de Brice.

**Burgess**, du vieux français « bourgeois », c'est-à-dire « homme libre ».

**Burton**, « fortification » en anglo-saxon.

**Byron**, « bergerie » en vieil anglais.

**C**aleb, « audacieux » en hébreu.

**Callum**, « voué à saint Colomban en gaélique ».

**Calvin**, « chauve » en latin.

**Cameron**, « au nez busqué » en gaélique.

**Camille**, du latin « jeune homme qui assiste le prêtre durant les sacrifices aux dieux ».

**Campbell**, du gaélique « à la bouche tordue ».

**Candide**, référence à la vertu, du latin « blanc, pur ».

**Carl**, Charles en allemand.

**Carlos**, Charles en espagnol.

**Carlton**, variante de Charlton, du germain « venu de la ville des bourgeois », c'est-à-dire de « la ville des hommes libres ».

**Carrick**, du gaélique « roc » et « colline ».

**Carroll**, prénom masculin prisé des Anglo-Saxons et issu du celtique « champion à la guerre ».

**Carson**, du vieil anglais « fils des habitants du marais ».

**Carter**, du vieil anglais « conducteur de char ».

**Cary**, référence au nom d'une rivière celte.

**Casey**, « vigilant » en gaélique.

**Casimir**, du polonais « assemblée pour faire la paix ».

**Caspar**, hollandais pour « Gaspard », un des trois Rois mages.

**Cassidy**, sobriquet d'origine irlandaise.

**Cassius**, inspiré directement d'une ancienne famille romaine et qui signifie « creux ».

**Cato**, « connaissance » en latin.

**Cecil**, forme masculine issue de la famille patricienne Cecilius et qui signifie « aveugle ».

**Cédric**, de l'anglo-saxon « chef de guerre » ou bien « amabilité ».

**Célestin**, référence directe aux vertus propres à rapprocher du ciel.

**Césaire**, variante de César.

**César**, du latin « pratiquer une césarienne ». De fait, Jules César était né par césarienne.

**Chad**, « bataille » en vieil anglais.

**Chadwick**, ancien sobriquet anglo-saxon renvoyant à une personne venant d'une laiterie.

**Chaïm**, « vie » en hébreu.

**Chandler**, du vieil anglais « fabricant de chandelles ».

**Charlemagne**, textuellement « le grand Charles ».

**Charles**, du germain « homme libre, bourgeois ».

**Charley**, diminutif de Charles.

**Charlton**, dérivé de Charles signifiant « qui vient de la ville des bourgeois ».

**Chase**, prénom anglais inspiré de « chasseur » en français.

**Chester**, référence à la ville anglaise.

**Chrétien**, vieux nom français tombé en désuétude et à la signification évidente.

**Chris**, abréviation de Christian et de Christophe.

**Christian**, du latin « disciple du Christ ».

**Christophe**, du latin « qui porte le Christ ».

**Chuck**, diminutif « à l'américaine » de Charles.

**Churchill**, du vieil anglais « celui qui vient de la colline où se trouve l'église ».

**Clancy**, de l'irlandais « guerrier basané ».

**Clarence**, nom d'un célèbre duché anglais au temps de la guerre des Deux-Roses ; du latin « illustre, éminent ».

**Clark**, autrement dit « le clerc ».

**Claude**, de Claudius, illustre famille patricienne de Rome et qui signifie « boiteux ».

**Clay**, en anglais « argile ».

**Clayton**, du vieil anglais « bâti sur l'argile ».

**Clément**, du latin « doux, gentil ».

**Cleve**, abréviation de Cleveland.

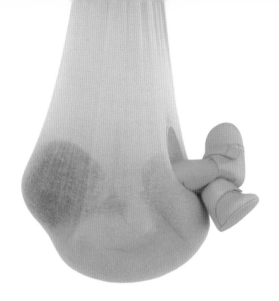

**Cleveland**, « le pays des collines » en vieil anglais.

**Cliff**, « colline » en anglais et abréviation de Clifford.

**Clifford**, « bâti à flanc de colline ».

**Clifton**, du vieil anglais « la ville au pied de la colline ».

**Clint**, abrégé de Clinton.

**Clinton**, « la ville au sommet de la colline ».

**Clive**, variante de Cliff.

**Clotaire**, prénom d'origine germanique signifiant « glorieuse vigueur ».

**Clovis**, forme latinisée de Louis.

**Clyde**, inspiré de la rivière écossaise du même nom.

**Cody**, sobriquet irlandais voulant dire « celui qui prête main-forte ».

**Colas**, diminutif de Nicolas, du grec « peuple » et « victoire ».

**Colby**, en vieux nordique « la ferme de l'homme basané ».

**Colin**, diminutif populaire de Nicolas.

**Colman**, composé gaélique de « colombe » et d'« homme ».

**Colomban**, du latin « colombe ».

**Colombat**, variante de Colomban.

**Côme**, « l'univers », en grec.

**Conan**, « haut » en celtique.

**Connor**, du gaélique « qui aime les chiens ».

**Conrad**, du germain « conseil audacieux ».

**Constant**, référence à la vertu.

**Constantin**, dérivé de Constant.

**Cooper**, en vieil anglais « fabricant de barriques ».

**Corbin**, vient du mot « corbeau ».

**Corentin**, du celtique « parents » et « amis ».

**Cornélius**, ancienne famille romaine dont le nom signifie « corne ».

**Cornell**, forme médiévale anglo-saxonne pour Cornélius.

**Courtney**, référence aux différentes villes de France baptisées Courtenay.

**Craig**, « rocher » en gaélique.

**Crépin**, du latin « aux cheveux crépus ».

**Crosby**, du vieil anglais « qui vient de la croisée des chemins ».

**Cullen**, « beau » en gaélique.

**Curt**, diminutif de Conrad et abréviation de Curtis.

**Curtis**, du français « courtois ».

**Cyprien**, « originaire de l'île de Chypre ».

**Cyrano**, Cyrano de Bergerac aura rendu célèbre son prénom inspiré du grec « venu de Cyrène ».

**Cyriaque**, variante de Cyrille.

**Cyril**, du grec « seigneur, divin ».

**Cyrus**, « seigneur » en grec ; nom de plusieurs grands rois de Perse.


**D**agmar, de l'anglo-saxon « jour » et « illustre ».

**Dagobert**, du germain « jour » et « brillant ».

**Dakota**, inspiré du nom d'une tribu indienne d'Amérique du Nord.

**Daley**, du gaélique « qui rassemble ».

**Dallas**, probablement du gaélique « sage ». Célèbre ville du Texas.

**Dalton**, originellement « de la ferme dans la vallée ».

**Damian**, variante de Damien.

**Damien**, du grec « destinée » ou « puissance divine ».

**Damon**, du grec « domestiquer ».

**Dane**, abréviation de Daniel ou, en vieil anglais, « qui vient du Danemark ».

**Daniel**, « Dieu est mon juge » en hébreu. Prophète de l'Ancien Testament.

**Dante**, forme abréviative de Durante, du latin « durable ».

**Dany**, diminutif de Daniel.

**Darby**, du vieil anglais « parc aux daims ».

**Darcy**, « originaire d'Arcy », site stratégique français au temps de la conquête de l'Angleterre par les Normands.

**Darius**, « qui possède des biens » ; nom de puissants rois perses de l'Antiquité.

**Darrel**, variante de Daryl.

**Darren**, nom anglais récent signifiant « petite colline rocheuse ».

**Daryl**, du français « airelle ».

**Dave**, variante de David.

**David**, « aimé » en hébreu. Le jeune David qui sut vaincre le géant Goliath devint roi d'Israël. Saint patron du pays de Galles.

**Davis**, « fils de David ».

**Davy**, diminutif de David.

**Dean**, « qui vient de la vallée » en vieil anglais, ou du latin « chef ».

**Deandre**, prénom récent composé du préfixe « de » et de « André ».

**Delaney**, « descendant du provocateur » en gaélique.

**Delbert**, variante hollandaise pour Albert.

**Delmar**, « issu de la mer » en espagnol.

**Delphin**, référence au mammifère marin, le dauphin.

**Démétrius**, « qui appartient à Déméter », déesse de la fertilité.

**Denis**, du grec « Dionysos », dieu de la vigne et du vin.

**Dennison**, « fils de Denis ».

**Denton**, « qui s'est établi dans la vallée » en vieil anglais.

**Denver**, « qui vient du fond de la vallée » en vieil anglais.

**Denzel**, « haute forteresse » dans les Cornouailles anglaises.

**Derby**, variante de Darby.

**Derek**, probablement une forme abréviative du germain Théodoric.

**Dermott**, du celtique « libre de toute jalousie ».

**Derrick**, variante de Derek.

**Désiré**, signification évidente.

**Desmond**, « qui vient du sud de Munster » en irlandais.

**Detlef**, du germain « descendant du peuple ».

**Devon**, référence à un comté d'Angleterre.

**Dexter**, du latin « main droite » ; en vieil anglais ce prénom se réfère également aux teinturiers.

**Dick**, diminutif anglais pour Richard.

**Didier**, variante de Désiré.

**Diego**, Jacques en espagnol.

**Dieter**, du germain « peuple » ou « race ».

**Dieudonné**, du latin « donné par Dieu ».

**Digby**, en vieil anglais « la ferme près du fossé ».

**Dillon**, variante de Dylan, du celtique « mer ».

**Dimitri**, fondé sur Déméter, déesse de la fertilité et des moissons.

**Dion**, du latin « dieu ».

**Dirk**, variante de Derek.

**Dmitri**, variante russe de Démétrius.

**Dominique**, prénom masculin et féminin, du latin « qui appartient au seigneur ».

**Domitien**, du latin « triomphateur ».

**Don**, raccourci de Donald.

**Donald**, du celtique « bon » et « Noël » ou bien « qui gouverne le monde ». De fait, le clan écossais MacDonald régna sur l'Écosse durant tout le Moyen Âge.

**Donatien**, du latin « donné ».

**Donnell**, variante de Donald.

**Donovan**, « brun foncé » en irlandais.

**Doran**, « étranger » en gaélique.

**Dorian**, ancien peuple grec (on connaît le style « dorique ») ; variante abréviative de Théodore.

**Douglas**, « eau sombre » en écossais. Nom d'un célèbre clan de *highlanders*.

**Drake**, la racine « drac » est universellement accolée au dragon.

**Drew**, abrégé d'Andrew (André).

**Duane**, « sombre » en gaélique.

**Dudley**, nom d'une ancienne famille noble anglaise signifiant « la clairière de Dudda ».

**Duke**, raccourci de Marmaduke, « serviteur de Maedoc » en vieil irlandais. Titre nobiliaire (duc) en anglais.

**Duncan**, « guerrier brun » en gaélique.

**Dunstan**, « pierre noire » en vieil anglais. Saint patron des serruriers, des joailliers et des aveugles.

**Durand**, « qui endure » en latin.

**Durante**, « qui dure » en latin.

**Dustin**, « pierre de Thor » en viking.

**Dwayne**, variante de Duane.

**Dwight**, originellement référence au dieu du vin Dionysos, ce prénom s'est répandu en hommage à Dwight D. Eisenhower.

**Dylan**, la « mer » en celtique.

**E**amon, Edmond en irlandais.

**Earl**, du vieil anglais « noble guerrier ». Titre nobiliaire (comte).

**Easter**, Pâques en anglais.

**Easton**, « qui vient du village situé à l'est ».

**Eben**, « pierre » en hébreu.

**Ebenezer**, de l'hébreu « pierre » et « aide, secours ».

**Ed**, abréviation familière d'Edgar, d'Edmond ou d'Édouard.

**Eddy**, diminutif d'Edgar, d'Edmond ou d'Édouard.

**Eden**, « délice » en hébreu.

**Edgar**, de l'anglo-saxon « lance » et « riche ».

**Edison**, « fils d'Édouard » en vieil anglais. Prénom popularisé en hommage à l'inventeur Thomas A. Edison.

**Edmond**, de l'anglo-saxon « protecteur des biens et des richesses ».

**Édouard**, « gardien des richesses » en vieil anglais.

**Edwin**, « ami riche » en anglo-saxon.

**Egan**, « petit feu » en gaélique.

**Egbert**, de l'anglo-saxon « fil de l'épée » et « brillant ».

**Egmont**, du germain « protecteur impressionnant ».

**Elden**, du vieil anglais « vallée des elfes » ou bien « qui vient de la colline sacrée ».

**Eldon**, variante d'Elden.

**Eldridge**, « conseiller » en vieil anglais.

**Éléazar**, « qui aide Dieu » en hébreu.

**Elias**, forme grecque inspirée de l'hébreu et voulant dire « Jéhovah est Dieu ».

**Élie**, « Dieu » en hébreu.

**Éliézer**, variante d'Éléazar.

**Ellery**, « qui s'est installé près du vieil arbre » en teuton ; ou bien du grec « qui parle d'une voix douce ».

**Elliot**, version anglaise d'Elias.

**Ellis**, variante d'Elias.

**Elmer**, « noble et célèbre » en vieil anglais.

**Elmo**, « protecteur » en italien ; du grec « amical ».

**Éloi**, du latin « élu ».

**Elroy**, variante anglais du français Leroy.

**Elton**, soit « la ville aux anguilles », soit « la ville d'Ella ».

**Elvin**, variante d'Alvin, « elfe ami ».

**Elvis**, probablement variante d'Elvin, popularisé par le chanteur Elvis Presley.

**Elwood**, « de la forêt » en vieil anglais.

**Elwyn**, « beau » en gallois, ou variante d'Alan.

**Émeric**, variante orthographique d'Aymeric, du germain « puissante maison ».

**Emerson**, « fils d'Emery ».

**Emery**, du germain « travail » et « chef ».

**Émile**, du latin « rival ». Nom d'une grande famille patricienne de Rome.

**Émilien**, variante d'Émile.

**E**

**Emlyn**, Émile en gallois.

**Emmanuel**, « Dieu est avec nous » en hébreu.

**Emmet**, « universel » en germain.

**Emrys**, Ambroise en gallois.

**Engelbert**, « ange lumineux » en teuton.

**Enguerrand**, vieux prénom français médiéval, du germain « ange » et « corbeau ».

**Enoch**, « éduqué » en hébreu.

**Enos**, « humanité » en hébreu.

**Enrico**, Henri en italien.

**Enrique**, composé sur Henri.

**Enzo**, diminutif de Lorenzo (Laurent) ou Vincenzo (Vincent) en italien.

**Ephraïm**, « fructueux » en hébreu.

**Érasme**, « bien-aimé » en grec. Saint patron des navigateurs.

**Erhard**, « fort et résolu » en germain.

**Éric**, « qui gouverne toujours » en viking.

**Erin**, ancien nom de l'Irlande.

**Ernest**, « sérieuse bataille » en germain.

**Ernie**, diminutif d'Ernest.

**Ernst**, Ernest en allemand.

**Errol**, prénom écossais par référence à un site.

**Erwan**, variante d'Erwin.

**Erwin**, du vieil anglais « sanglier » et « vin », ou du germain « armée » et « ami ».

**Esaü**, « chevelu » en hébreu.

**Esmond**, du vieil anglais « beauté » et « protection ».

**Esteban**, Stéphane ou Étienne en espagnol.

**Ethan**, « force permanente » en hébreu.

**Étienne**, forme française de Stéphane, du grec « couronne ».

**Euan**, « jeune homme » en gaélique écossais.

**Eudes**, prénom médiéval français.

**Eugène**, « bien né » en grec.

**Eusèbe**, du grec « pieux ».

**Eustache**, « fertile » en grec.

**Evan**, Jean en gallois.

**Évariste**, du latin « se propager ».

**Everett**, variante anglaise d'Évrard.

**Évrard**, « sanglier puissant » en germain.

**Ewan**, variante d'Euan.

**Ezra**, « salut, aide » en hébreu. Prophète de l'Ancien Testament.

**F**abian, variante de Fabien.

**Fabien**, « qui fait pousser des fèves » ; ancienne famille romaine.

**Fabrice**, du latin « forgeron ».

**Fabron**, du français « forgeron ».

**Fadel**, « la supériorité » en arabe.

**Farid**, « l'incomparable » en arabe.

**Farley**, « qui coupe les fougères » en vieil anglais.

**Farran**, du vieux français « chapardeur » ou bien « ferret », ou encore forme médiévale de Ferdinand.

**Farrel**, « brave, courageux » en gaélique.

**Farren**, variante de Farran.

**Farron**, « homme de courage » en grec.

**Faust**, nom légendaire du personnage qui vendit son âme au diable pour retrouver sa jeunesse.

**Faustin**, variante de Faust.

**Favell**, « brave » en irlandais.

**Favin**, du latin « compréhension ».

**Fayçal**, signifie le juge, celui qui tranche, en arabe.

**Fédor**, variante de Théodore.

**Félicien**, composé sur Félix.

**Félix**, du latin « heureux, chanceux ».

**Felton**, « celui qui vient de la ville » en vieil anglais.

**Fenton**, « celui qui habite dans les marais » en vieil anglais.

**Ferdinand**, du germain « courageux protecteur de la paix ».

**Fergus**, du gaélique « homme vigoureux ».

**Ferguson**, « fils de Fergus ».

**Fernand**, variante de Ferdinand.

**Ferréol**, du latin « de fer ».

**Fidèle**, référence à la vertu.

**Finlay**, « beau guerrier » en vieil écossais.

**Finn**, « beau » en gaélique.

**Finnian**, variante de Finn.

**Firmin**, du latin « d'esprit ferme ».

**Flann**, « roux » en gaélique.

**Flavien**, d'après le nom d'une famille patricienne de Rome et qui signifiait « blond ».

**Fletcher**, du français « fabricant de flèches ».

**Flint**, « rocher » en vieil anglais.

**Florent**, « florissant » ou « fleuri » en latin.

**Florentin**, même étymologie que Florent avec référence à la ville italienne.

**Florian**, « qui fleurit » en latin, variante de Florent.

**Floyd**, variante galloise pour Lloyd, « gris » en gallois.

**Flynn**, « descendant du rouquin » en irlandais.

**Forrest**, « forêt » en anglais.

**F**

**Fortunat**, du latin « fortuné ».

**Foster**, « parent nourricier » en anglais ou contraction de « forestier » en anglais médiéval.

**Francelin**, composé sur Franc.

**Francis**, variante de François, du latin « affranchi », autrement dit « homme libre ».

**Francisque**, composé sur Francis.

**Franck**, diminutif de François et référence aux Francs, premier peuple d'origine germanique qui se structura en Gaule et donna son nom à la France.

**François**, du latin « affranchi, libre ».

**Frankie**, diminutif de François.

**Franklin**, en anglais médiéval signalait le « seigneur possesseur d'une terre ».

**Franz**, forme allemande pour François.

**Fraser**, du français « charbon de bois, braise ».

**Frazer**, variante orthographique de Fraser.

**Fred**, raccourci de Frédéric ou d'Alfred.

**Freddy**, diminutif de Frédéric ou d'Alfred.

**Frédéric**, du germain « paix » et « chef ».

**Fritz**, abrégé de Friedrich (Frédéric en allemand).

**Fulbert**, du germain « peuple » et « brillant ».

**Fulton**, « endroit boueux » en vieil écossais.

**Fulvien**, du latin « ocre, couleur fauve ».

**G**abin, dérivé de Gabriel.

**Gabriel**, « homme de Dieu » en hébreu. Un des archanges célestes.

**Gaby**, diminutif de Gabriel.

**Gaël**, du germain « étranger », autrement dit, à cette époque lointaine, les Celtes.

**Gaëtan**, du latin « habitant de Gaète ».

**Gaïus**, premier prénom de l'empereur Caius Julius César.

**Galahad**, « faucon » en gallois. Un des chevaliers de la Table ronde.

**Galen**, « calme » en grec.

**Gamaliel**, de l'hébreu, signifiant « Dieu a été généreux avec moi ».

**Gareth**, « gentil, doux » en gallois. Un des chevaliers de la Table ronde.

**Garfield**, « champ de piques » en vieil anglais.

**Garrett**, variante médiévale de Gérard.

**Garrick**, du vieil anglais « lance » et « chef ».

**Garrison**, du français « garnison, fort ».

**Gary**, « lance » en vieil anglais.

**Gaspard**, de l'hébreu « gestion du trésor ».

**Gaston**, du germain « hôte » et « voyageur ».

**Gaubert**, du germain « lumineuse divinité ».

**Gautier**, du germain « gouverner » et « armée ».

**Gauvin**, du vieux gallois « faucon ».

**Gavin**, variante de Gauvin.

**Gawain**, variante anglo-saxonne de Gauvin. Un des chevaliers de la Table ronde.

**Gaylord**, référence à un *dandy*.

**Gédéon**, « ma saison de chance » en hébreu.

**Gene**, abréviation d'Eugène.

**Geoff**, abréviation de Geoffrey et Geoffroy.

**Geoffrey**, variante anglaise de Geoffroy.

**Geoffroy**, du germain « paisible voyageur ».

**Georges**, du grec « travailleur de la terre ». Saint qui terrassa un dragon, selon les Écritures.

**Georgie**, diminutif de Georges.

**Gérald**, du germain « lance » et « commander ».

**Gérard**, du germain « lance » et « courageux ».

**Géraud**, variante de Gérard.

**Gerhart**, forme allemande pour Gérard.

**Germain**, du latin « frère ».

**Gerry**, diminutif de Gérard et de Gérald ; également variante orthographique de Jerry.

**Gervais**, du grec « honorer » ou du vieux germain « pique » et « serviteur ».

**Ghislain**, du germain « otage » et « dur ».

**Gibson**, « fils de Gilbert » en vieil anglais.

**Gilbert**, du germain « promesse » et « brillant ».

**Gildas**, du celtique « chevelure ».

**Giles**, du grec « jeune chèvre ».

**Gilles**, du germain « de haute lignée ».

**Gino**, diminutif composé sur Régis.

**Giovanni**, Jean en italien.

**Giraud**, variante de Gérard.

**Giuseppe**, Joseph en italien.

**Glenn**, « vallée » en gaélique.

**Godefrey**, variante de Godefroy.

**Godefroy**, même étymologie que Geoffroy. Du germain « bonne paix ».

**Godwin**, dérivé anglais de « bonne paix » en germain.

**Goldwyn**, « bon vin » en vieil anglais.

**Goliath**, un des personnages marquants de la Bible où l'on apprend qu'il fut vaincu par le petit David, futur roi d'Israël.

**Gomer**, « accomplir » en hébreu.

**Gonthier**, du germain « bataille » et « armée ».

**Gontran**, du germain « combat » et « corbeau ».

**Gonzague**, nom d'une famille princière de la province de Mantoue.

**Gordon**, « grande colline » en gaélique.

**Grady**, « noble, illustre » en gaélique.

**Graham**, « qui vient de la ferme aux terres caillouteuses » en écossais.

**Grant**, « grand et fort » en normand.

**Granville**, du français « grande cité ».

**Greg**, diminutif de Grégoire.

**Grégoire**, du grec « éveillé, attentif ».

**Gregor**, Grégoire en écossais.

**Grégory**, variante de Grégoire.

**Gréville**, variante de Granville.

**Griffith**, « prince, seigneur » en gallois.

**Guerric**, du germain « lance puissante ».

**Guido**, variante italienne de Guy.

**Guillaume**, du germain « volonté » et « protection ».

**Gunn**, forme abrégée de Gunnar.

**Gunnar**, « guerrier » en viking.

**Gunther**, forme allemande de Gunnar.

**Gus**, abrégé d'Auguste ou de Gustave.

**Gustave**, du germain « qui prospère » ou « assemblée du peuple » en vieux nordique.

**Guthrie**, « venteux » en écossais.

**Guy**, « vaste bois » en germain.

**Gwenaël**, du celtique « blanc, heureux » et « généreux, noble ».

**Gwenn**, du celtique « blanc, heureux ».

**Gwenolé**, du celtique « blanc, heureux » et « valeureux ». Saint breton plus connu aussi sous l'orthographe Guénolé.

H

**Habib**, « bien-aimé » en nord-africain.

**Hadley**, « plaine proche de la lande » en vieil anglais.

**Hadrien**, variante d'Adrien.

**Hakim**, « chef plein de sagesse » en arabe.

**Ham**, « chaud » en hébreu.

**Hamilton**, « colline dénudée » en vieil écossais.

**Hamlet**, de « maison » en germain. Nom popularisé par la pièce de Shakespeare.

**Hamlyn**, variante d'Hamlet.

**Hammond**, dérivé d'Hamlet.

**Hamon**, dérivé d'Hamlet.

**Hampton**, « ferme, propriété » en vieil anglais.

**Hannibal**, nom apparu au troisième siècle avant Jésus-Christ.

**Hans**, Jean en allemand et en hollandais.

**Harald**, variante d'Harold.

**Harding**, « fort et brave » en vieil anglais.

**Hardy**, « homme brave » en vieil anglais.

**Harlan**, « pays montagneux » en vieil anglais.

**Harley**, « la forêt des lièvres » en vieil anglais.

**Harlow**, « colline de l'armée » en vieil anglais.

**Harold**, du germain « armée » et « pouvoir ».

**Haroun**, forme arabe de Aaron.

**Harper**, « joueur de harpe » en vieil anglais.

**Harris**, « fils d'Harry » en vieil anglais.

**Harrison**, « fils d'Harry ».

**Harry**, Henri dans l'Angleterre médiévale.

**Hartley**, de « cerf » et « clairière » en vieil anglais.

**Harvey**, « digne d'aller batailler » en celtique.

**Hassan**, signifie beau, bon, excellent, en arabe.

**Hayden**, « plaine des foins » en vieil anglais.

**Haydn**, nom apprécié en hommage au compositeur Joseph Haydn.

**Heath**, « lande » en anglais.

**Heathcliff**, « falaise recouverte de lande » en anglais. Personnage célèbre des *Hauts de Hurlevent*.

**Hector**, héros de la Guerre de Troie, vaincu par Achille.

**Hedley**, « clairière couverte de bruyère » en vieil anglais.

**Heinrich**, Henri en allemand.

**Helmut**, du germain « heaume » et « protection ».

**Hénoch**, de l'hébreu, signifiant l'éducateur.

**Henri**, du germain « maison » et « chef ».

**Herbert**, du germain « fameuse armée ».

**Hercule**, « gloire d'Héra » et fils de Jupiter. Héros de la mythologie célèbre pour ses « 12 travaux » et sa force colossale.

**Hermann**, « homme d'arme » en germain.

**Hérold**, variante d'Harold.

**Hervé**, du celtique « fort et ardent ».

**Hicham**, qui signifie l'amour, la générosité, en arabe.

**Hilaire**, du latin « gai, joyeux ».

**Hilary**, forme anglaise d'Hilaire.

**Hildebrand**, du germain « combat » et « épée ».

**Hilton**, « maison située sur la colline » en vieil anglais.

**Hippolyte**, du grec « qui dompte les chevaux ».

**Hiram**, « frère de celui qui est exalté » en hébreu.

**Hoël**, prénom celtique qui signifie « l'éminent ».

**Holden**, « profonde vallée » en vieil anglais.

**Homère**, « otage » en grec. Un des grands poètes de l'Antiquité.

**Honorat**, variante d'Honoré.

**Honoré**, signification évidente.

**Hooper**, « fabricant de barriques » en vieil anglais.

**Hopkin**, dérivé de Robert, du germain « gloire » et « brillant ».

**Horace**, d'une ancienne famille romaine : prénom rendu populaire grâce aux exploits de l'amiral Horatio Nelson.

**Houston**, « la ville de Hugues » en vieil anglais.

**Howard**, du germain « cœur » et « protection ».

**Hubert**, du germain « intelligence, cœur » et « brillant ». Saint patron des chasseurs.

**Hudson**, « fils de Richard » en vieil anglais.

**Hugo**, variante latinisée d'Hugues.

**Hugolin**, variante populaire d'Hugues.

**Hugues**, du germain « intelligence, cœur ».

**Humbert**, du germain « géant » et « brillant ».

**Humphrey**, du germain « guerrier » et « paix ».

**Hunter**, « chasseur » en anglais.

**Hussein**, diminutif d'Hassan, qui signifie bon et beau en arabe.

**Hyacinthe**, du grec « hyacinthos » signifiant jacinthe. Prénom masculin et féminin.

**Hyde**, « un carré de terre » en vieil anglais.

**Hyman**, « vie » en hébreu.

**Iago**, Jacques en gallois, espagnol et italien.

**Ian**, Jean en écossais.

**Idris**, du gallois « seigneur impulsif ».

**Ignace**, du latin « feu ». Nom d'une ancienne famille romaine.

**Igor**, prénom russe issu du vieux nordique « guerrier ».

**Ike**, diminutif d'Isaac.

**Ilya**, prénom bel et bien masculin, d'origine russe et variante d'Élie.

**Ingmar**, du viking « fils illustre ».

**Inigo**, espagnol médiéval pour Ignace.

**Innes**, « île » en celtique.

**Innocent**, référence à la vertu, du latin « qui ne fait aucun mal ».

**Irving**, « beau » en gaélique.

**Irwin**, variante d'Irving.

**Isaac**, « puisse Dieu me sourire » en hébreu. Fils d'Abraham qui manqua de peu d'être sacrifié par son père !...

**Isaïe**, nom du grand prophète de l'Ancien Testament.

**Isidore**, « don d'Isis » en grec.

**Israël**, « Dieu persévère » en hébreu. Nom du peuple juif de l'Ancien Testament et du nouvel État d'Israël.

**Ivan**, Jean en russe.

**Ivo**, Yves en italien.

# J

**Jack**, diminutif de Jacob, Jean et Jacques.

**Jackson**, « fils de Jacob, Jean ou Jacques » en vieil anglais.

**Jacky**, diminutif de Jacques.

**Jacob**, « favorisé par Dieu » en hébreu.

**Jacquelyn**, formé sur Jacques ; nom médiéval.

**Jacques**, forme francisée de Jacob.

**Jaime**, Jacques en espagnol.

**Jalil**, « majestueux » en arabe.

**Jamal**, « beau » en arabe.

**James**, Jacques en anglais.

**Jameson**, « fils de James » (de Jacques).

**Jamie**, diminutif écossais de James.

**Jan**, Jean en hollandais et scandinave.

**Janos**, Jean en hongrois.

**Jarrod**, variante d'un mot hébreu qui signifie « descente ou descendance ».

**Jarvis**, forme anglo-saxonne de Gervais.

**Jason**, « guérisseur » en grec. Héros de la mythologie qui se distingua par une quête épique de la fameuse Toison d'Or.

**Jasper**, nom d'origine perse, « porteur de trésor ». Variante médiévale de Gaspard.

**Javier**, variante de Xavier.

**Jay**, du français « geai ».

**Jean**, de l'hébreu « Dieu est plein de bonté ».

*Et aussi les prénoms composés dérivés parmi lesquels :*

**Jean-Christian,**

**Jean-François,**

**Jean-Jacques,**

**Jean-Marc,**

**Jean-Michel,**

**Jean-Pierre,**

**Jean-Yves,** etc.

**Jeff**, diminutif de Jeffrey (Geoffrey) ou de Jefferson.

**Jefferson**, « fils de Jeffrey » (Geoffrey) et hommage au président des États-Unis, Thomas Jefferson.

**Jeffrey**, variante de Geoffrey.

**Jemmy**, variante diminutive de James (Jacques).

**Jenkin**, variante composée sur Jan (Jean).

**Jérémie**, « secouru par Dieu » en hébreu.

**Jérôme**, « nom sacré » en hébreu.

**Jéronimo**, Jérôme en espagnol et nom d'un célèbre chef indien d'Amérique du Nord (Geronimo).

**Jerry**, diminutif de James (Jacques).

**Jesse**, « don » en hébreu.

**Jésus**, « sauveur » en araméen.

**Jéthro**, « excellence » en hébreu.

**Jim**, diminutif de James (Jacques).

**Jimmy**, diminutif de James (Jacques).

**Joachim**, « établi par Dieu » en hébreu.

**Job**, « persécuté » en hébreu.

**Jody**, abréviation affectueuse pour Jude, Joseph ou Judicaël.

**Joé**, raccourci pour Joseph.

**Joël**, « le Seigneur est Dieu » en hébreu.

**Joffrey**, Geoffrey en anglais.

**Johann**, Jean en allemand.

**Johannes**, variante de Johann.

**John**, Jean en anglais.

**Johnny**, variante diminutive de Jean.

**Jon**, variante de John et abréviation de Jonathan.

**Jonas**, variante grecque sur l'hébreu « colombe ».

**Jonathan**, « don de Dieu » en hébreu.

**Jordan**, de l'hébreu « qui descend » ; référence au fleuve, le Jourdain.

**Jorge**, Georges en espagnol.

**José**, Joseph en espagnol.

**Joseph**, « Dieu ajoute » en hébreu. Fils préféré de Jacob dans l'Ancien Testament, et époux de la Vierge Marie dans le Nouveau Testament.

**Joshua**, « Dieu apporte son secours » en hébreu. Dans l'Ancien Testament, il succéda à Moïse.

**Josse**, dérivé de Joseph ou abréviation de Josselin.

**Josselin**, du germain « enfant de Dieu ».

**Josué**, forme francisée de Joshua.

**Juan**, Jean en espagnol.

**Judas**, « louange » en hébreu.

**Jude**, variante de Judas.

**Judicaël**, du breton « seigneur généreux ».

**Jules**, du nom d'une ancienne famille patricienne de Rome ; étymologiquement, Iulius était le fils d'Énée.

**Julian**, Julien en anglais.

**Julien**, variante de Jules.

**Julio**, Jules en espagnol.

**Junien**, forme masculine de Junon, épouse de Jupiter dans le panthéon romain.

**Jurgen**, Georges en allemand.

**Juste**, référence à la vertu.

**Justin**, du latin « raisonnable, juste ».

**K**ader, « puissant », « riche » en arabe.

**Kaïs**, « l'homme à la démarche fière » en arabe.

**kalil**, de l'hébreu « parfait, complet » ou variante de Khalil, « bon ami » en arabe.

**Kamal**, « parfait » en arabe.

**Kamel**, « la perfection », la plénitude en arabe.

**Kane**, « bataille » en gaélique.

**Karim**, « noble » en arabe.

**Karl**, Charles en allemand.

**Kean**, « ancien » en anglo-saxon.

**Keanu**, « brise » en hawaïen. Prénom popularisé par le jeune acteur américain Keanu Reeves.

**Keenan**, « petit » et « ancien » en gaélique.

**Kéfir**, désigne le lion en hébreu.

**Keith**, prénom écossais dérivé du celtique « bois ».

**Kelly**, « église » en gaélique.

**Kemp**, du vieil anglais « guerrier » et « athlète ».

**Ken**, raccourci de Kenne, « beau, premier né et bien né » en gaélique.

**Kenan**, « l'ancien », « le sage » en irlandais.

**Kendall**, « chef de la vallée » en celtique.

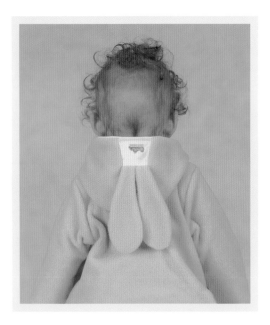

**Kendrick**, « fils d'Henri » en gallois.

**Kennedy**, « vilaine tête » en gaélique irlandais. Nom d'un célèbre président des États-Unis et d'un « clan » de la scène politique américaine.

**Kenneth**, du gaélique qui rassemble les idées de « beau », de « premier né » et « de bonne race ».

**Kenny**, « jailli du feu », en gaélique.

**Kent**, « côte » en celtique ; nom d'un comté d'Angleterre.

**Kerr**, référence nordique à une « parcelle de terre marécageuse recouverte de broussailles ».

**Kerry**, en Irlande « descendants de Ciar ».

**Kevin**, « beau, bien né » en gaélique. Prénom à la mode grâce à l'acteur américain Kevin Costner.

**Khaïm**, de l'hébreu « vie, vivant ».

**Khaled**, « celui qui jouira de l'éternité » en arabe.

**Khalil**, « bon ami » en arabe.

**Kiefer**, « fabricant de barriques » en allemand.

**Kieran**, « noir » en gaélique.

**Kilian**, « l'église » en gaélique.

**Kim**, diminutif de Kimberley.

**Kimball**, du vieil anglais « famille » et « audacieux ».

**King**, « roi » en anglais.

**Kingsley**, du vieil anglais « la prairie du roi ».

**Kirby**, « femme de l'église » en nordique.

**Kirk**, « église » en viking.

**Kit**, abréviation affectueuse « à l'américaine » pour Christophe.

**Kléber**, « maçon » en alsacien.

**Knut**, du scandinave « nœud » ou du germain « hardi ».

**Konrad**, variante orthographique de Conrad.

**Koren**, « lumineux » en hébreu.

**Krishna**, « sombre » en hindi. Le dieu Krishna est l'une des grandes figures du panthéon hindouiste.

**Kumar**, « jeune » en hindi.

**Kurt**, diminutif de Conrad en allemand.

**Kyle**, « étroit » en gaélique.

**Lafayette**, « bosquet de hêtres » ; en hommage au héros français qui combattit aux côtés de George Washington pour l'indépendance des États-Unis.

**Laird**, « propriétaire » en celtique ; correspond à « lord » en anglais.

**Lamar**, « célèbre dans tout le pays » en teuton.

**Lambert**, du germain « fameux pays ».

**Lamont**, du nordique « homme de loi ».

**Lance**, du germain « pays » ou du latin « javelot ».

**Lancelin**, variante de Lancelot.

**Lancelot**, composé sur « Lance ». Un des chevaliers de la Table ronde.

**Landon**, du vieil anglais « colline étendue ».

**Landry**, variante de Léandre.

**Lane**, « chemin, sentier » en anglais.

**Larry**, diminutif de Laurent.

**Lars**, Laurent en scandinave.

**Laurel**, variante de Laurent.

**Laurent**, du latin « laurier », avec tout le symbolisme impliqué (gloire et paix).

**Lawrence**, variante anglaise de Laurent.

**Lazare**, de l'hébreu « Dieu est venu secourir ».

**Léandre**, prénom très prisé durant la période classique, du grec « lion » et « homme » ; souvent porté par le jeune premier des comédies de Molière.

**Lee**, « du bois » en vieil anglais.

**Leif**, du germain « fils, descendant ».

**Leigh**, variante de Lee.

**Leighton**, « jardin d'herbes » en vieil anglais.

**Leland**, « jachère » en vieil anglais.

**Lennan**, « chéri » en gaélique.

**Lennard**, variante de Léonard.

**Lennox**, nom d'un comté d'Écosse.

**Léo**, du latin « lion ».

**Léon**, variante de Léo.

**Léonard**, du latin « lion puissant ».

**Léonce**, variante composée sur Léo.

**Léopold**, du germain « peuple courageux ».

**Leroy**, du français « le roi ».

**Leslie**, « champ de houx » en gaélique.

**Lester**, référence abréviative à la ville de Leicester

**Lévi**, « assermenté » en hébreu.

**Lewis**, Louis en anglais.

**Liam**, abréviation de William (Guillaume).

L

**Liénart**, variante de Léonard.

**Lincoln**, inspiré de la ville d'Angleterre et l'un des plus célèbres présidents des États-Unis d'Amérique.

**Lindsay**, sobriquet écossais.

**Linus**, « aux cheveux couleur paille » en grec.

**Lionel**, du latin « lionceau ».

**Llewelyn**, « chef » et « lion » en gallois.

**Lloyd**, « gris » en gallois.

**Lockwood**, du vieil anglais « bois en enclos ».

**Logan**, « petit trou », sobriquet écossais.

**Loïc**, variante de Louis.

**Loïs**, variante de Louis.

**Lorenzo**, Laurent en espagnol et en italien.

**Lorin**, variante médiévale de Laurent.

**Lothaire**, prénom médiéval, du germain « réputation » et « armée ».

**Lothar**, variante de Lothaire.

**Louis**, du germain « glorieux guerrier ». Prénom adopté par de nombreux rois de France.

**Loup**, référence à l'animal.

**Lowell**, « le bien-aimé » en vieil anglais.

**Luc**, du latin « lux », la lumière. Saint patron des médecins et des artistes.

**Lucas**, composé sur Luc.

**Lucien**, dérivé de Luc.

**Ludovic**, composé sur Louis.

**Ludwig**, Louis en allemand.

**Luigi**, Louis en italien.

**Luis**, Louis en espagnol.

**Luke**, Luc en anglais.

**Luther**, du germain « peuple » et « armée ».

**Lydéric**, du germain « puissance » et « gloire ».

**Lyle**, du français « l'île ».

**Lyman**, « qui vient du pâturage » – en vieil anglais.

**Lyndon**, « colline des tilleuls » en anglo-saxon.

**Lynn**, « fleuve » en vieil anglais.

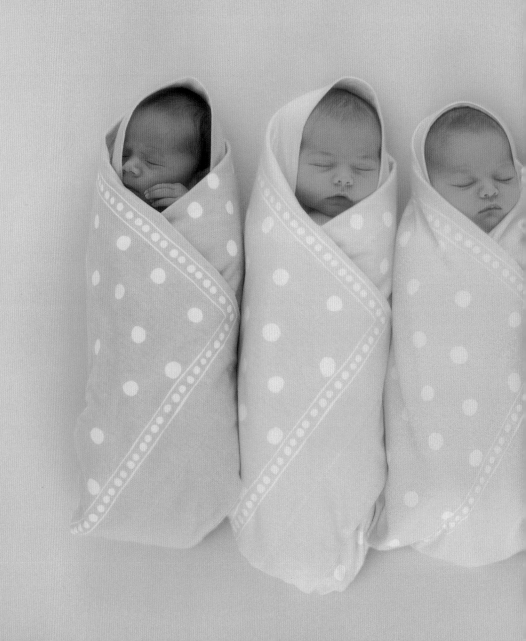

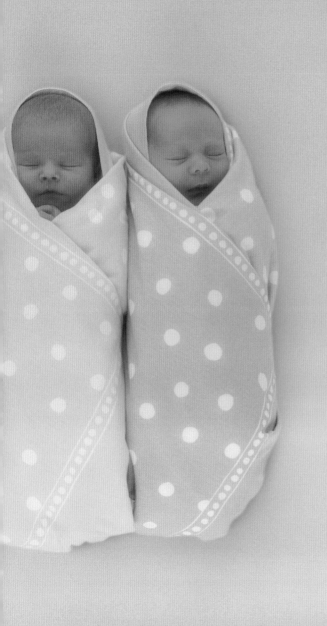

# M

**Macauley**, « fils d'Amalgaid » en gaélique.

**Mackenzie**, « beau » en écossais.

**Maclean**, « fils de Léandre » en écossais.

**Madison**, « fils de Maud » en anglais médiéval.

**Maël**, du breton « chef, prince ».

**Magloire**, textuellement « ma gloire », autrement dit « Dieu ».

**Magnus**, « grand, magnifique » en latin ; beaucoup de souverains scandinaves du Moyen Âge portaient ce prénom.

**Mahlon**, « rare » en hébreu.

**Malachy**, prénom irlandais issu de l'hébreu « mon messager ».

**Malcolm**, « serviteur ou disciple de Colomban » en gaélique.

**Malik**, « le maître », « le roi » en arabe.

**Mallory**, « malheureux, infortuné », inspiré du mot français.

**Malo**, « la garantie », « la lumière » en breton.

**Manfred**, du germain « homme » et « peuple ».

**Manley**, « viril ».

**Mansell**, dérivé de la ville française, Le Mans.

**Manuel**, Emmanuel en espagnol.

**Marc**, inspiré de Mars, dieu de la guerre.

**Marceau**, variante de Marcel.

**Marcel**, composé sur Marc. Marcellus était une grande famille romaine.

**Marcellin**, dérivé de Marcel.

**Marcien**, variante de Marc.

**Marcille**, dérivé de Marc.

**Marco**, Marc en italien.

**Marek**, variante de Marc.

**Marin**, du latin « marin, homme de mer ».

**Mario**, Marius en italien moderne.

**Marius**, nom d'une famille patricienne romaine.

**Mark**, Marc en anglais.

**Marlon**, variante de Marc ou de Merlin.

**Marouanne**, « le silex », « le quartz » en arabe.

**Marquis**, du latin « comte des frontières ». Titre nobiliaire.

**Marsh**, abréviation de Marshall.

**Marshall**, « maréchal-ferrant » en français.

**Martel**, variante de Martin.

**Martial**, référence aux qualités du dieu de la guerre, Mars.

**Martin**, composé sur le nom du dieu de la guerre, Mars.

**Martien**, variante de Martin.

**Martinien**, variante de Martien.

**Marton**, variante anglo-saxonne de Martin.

**Marvin**, variante médiévale de Merfyn, « illustre ami » en gallois.

**Mason**, du français « maçon ».

**Mathis**, Matthieu en flamand.

**Mathurin**, variante de Matthieu.

**Matthias**, variante grecque de Matthieu.

**Matthieu**, de l'hébreu « don de Dieu ».

**Maugan**, « jeune homme » et « bien né » en breton.

**Maurice**, du latin « maure, à la peau noire ».

**Max**, abrégé de Maxime.

**Maxence**, « le plus grand » en latin.

**Maxime**, du latin « le plus grand ».

**Maximilien**, composé sur Maxime.

**Maximin**, dérivé de Maxime.

**Maxwell**, « le puits de Magnus » en écossais.

**Mayeul**, « le mois de mai » en latin.

**Maynard**, du germain « force ».

**Médard**, variante de Médéric.

**Médéric**, du germain « puissance et vigueur ».

**Mel**, abrégé de Melvin.

**Melchior**, un des trois Rois mages.

**Melvin**, « gentil chef » en gaélique.

**Mercer**, « marchand » en vieil anglais.

**Mérédith**, « grand seigneur » en vieux gallois.

**Mériadec**, « la mer » et « le bord » en breton.

**Merlin**, de « mer » et de « colline fortifiée » en vieux celtique. Nom du magicien, conseiller du roi Arthur.

**Merrill**, du gaélique « mer étincelante ».

**Merry**, diminutif de Médéric et de Meredith.

**Michaël**, « qui est comme Dieu » en hébreu. Un des archanges célestes.

**Michel**, variante française de Michaël.

**Mick**, diminutif de Michel.

**Mickey**, diminutif de Michel ; personnage clé de l'univers de Walt Disney.

**Miguel**, Michel en espagnol.

**Mikaël**, variante orthographique de Michaël.

**Mikhaïl**, Michel en russe.

**Milan**, variante d'Émile dans les pays d'Europe centrale.

**Miles**, variante de Michel ou bien du latin « soldat ».

# M

**Milton**, « la ville des meuniers » en vieil anglais.

**Mitchell**, variante de Michel.

**Modeste**, référence à la vertu.

**Mohammed**, « louange » en arabe. Prophète fondateur de l'Islam.

**Moïse**, de l'hébreu « sauvé des eaux ».

**Monroe**, inspiré de la rivière irlandaise, la Roe.

**Montague**, inspiré d'un site normand, Montaigu.

**Montgomery**, du normand « colline de l'homme puissant ».

**Monty**, diminutif de Montague ou de Montgomery.

**Moran**, « la mer » en celte.

**Morgan**, « cercle » ou bien « grand et brillant » en vieux gallois.

**Morley**, « plaine marécageuse » en vieil anglais.

**Morris**, variante anglaise de Maurice.

**Morrison**, « fils de Maurice » en vieil anglais.

**Mort**, abréviation de Mortimer ou de Morton.

**Mortimer**, du normand « eaux tranquilles ».

**Morton**, « ville bâtie sur les marais ».

**Morvan**, dérivé probable de Morgan et référence à un massif forestier français.

**Moshé**, Moïse en hébreu contemporain.

**Mounir**, « lumineux » en arabe.

**Mourad**, « désiré de Dieu » en arabe.

**Moussa**, transcription arabe du prénom Moïse.

**Murray**, « mer » en écossais.

**Mustafa**, « l'élu » en arabe.

**Myron**, du grec « myrrhe ».

**Nabil**, « noble » en arabe.

**Nadir**, « rare » en arabe.

**Nahum**, « consolateur » en hébreu.

**Naïm**, qualificatif définissant les délices de la vie paradisiaque dans le Coran.

**Napoléon**, probablement « venu de Naples ». Prénom usité en hommage à Napoléon Bonaparte.

**Narcisse**, référence à la fleur et au personnage de la mythologie.

**Nasser**, « celui qui porte assistance » en arabe.

**Nassim**, « la brise légère » en arabe.

**Nathan**, « don » en hébreu.

**Nathanaël**, « don » en hébreu.

**Nathaniel**, variante de Nathanaël.

**Ned**, abréviation pour Édouard ou Edwin.

**Neil**, du gaélique « champion » ou « chef ».

**Nelson**, « fils de Neil » en vieil anglais.

**Nestor**, du grec « qui rentre chez lui sain et sauf ».

**Nevada**, « enneigé » en espagnol ; la Sierra du même nom est célèbre.

**Neville**, du français « nouvelle ville ».

**Nevin**, du gaélique « neveu ».

**Nicolas**, du grec « victoire » et « peuple ». Saint patron de la Grèce, de la Russie et des enfants.

**Nick**, diminutif de Nicolas.

**Niels**, Nicolas en danois.

**Nigel**, forme latinisée de Neil, ou bien du latin « noir ».

**Nikolaï**, Nicolas en russe.

**Nils**, variante de Nicolas.

**Noah**, de l'hébreu « qui vit longtemps ».

**Noam**, « plaisant » en hébreu.

**Noé**, de l'hébreu « repos ». Patriarche de la Bible.

**Noël**, référence à la Nativité du Christ.

**Nolan**, « quadrige, combattant sur un char » en gaélique.

**Norbert**, du germain « nord » et « brillant ».

**Nordine**, « la lumière » en arabe.

**Norman**, du germain « homme du nord ».

**Norris**, du normand « homme du nord ».

**Norton**, « la ville du nord ».

**Nouri**, du perse « prince » ou « lumière ».

**Numa**, « la loi » en grec.

**O**badiah, « serviteur de Dieu » en hébreu.

**Oberon**, roi des fées dans Shakespeare.

**Octave**, du latin « huit ».

**Octavien**, variante d'Octave.

**Odilon**, du germain « richesse, patrimoine ».

**Odin**, référence directe au dieu de l'ancienne Germanie.

**Ogden**, « vallée des chênes » en vieil anglais.

**Ogilvy**, du gallois « haut ».

**Olaf**, « ancêtres » et « reliques » en vieux nordique. Saint patron de la Norvège.

**Olive**, référence au fruit de l'olivier.

**Oliver**, Olivier en anglais.

**Olivier**, référence à l'arbre et à ses fruits.

**Oman**, « éloquent » en hébreu ou « prospérité » en arabe.

**Oren**, « arbre » en hébreu.

**Orion**, « fils de lumière » en grec.

**Orlando**, Roland en italien.

**Orson**, du normand « ourson ».

**Orville**, du vieux français « de la ville dorée ».

**Osbert**, du vieil anglais « dieu » et « brillant ».

**Osborne**, du vieil anglais « dieu » et « ours, guerrier ».

**Oscar**, du gaélique « daim » ou « ami », ou bien du vieil anglais « dieu » et « lance ».

**Osmond**, du vieil anglais « dieu » et « protecteur ».

**Ossie**, diminutif d'Oscar ou d'Oswald.

**Oswald**, du vieil anglais « dieu » et « pouvoir » ou du germain « forêt à l'est ».

**Oswin**, du vieil anglais « dieu » et « ami ».

**Omar**, « longue vie » en arabe ou variante d'Omer.

**Omer**, du germain « riche et illustre ».

**Onésime**, du grec « utile ».

**Otis**, du germain « richesse ».

**Otto**, prénom germanique signifiant « richesse, prospérité ».

**Owen**, gallois moderne pour Euan, « jeune homme ».

**Pablo**, Paul en espagnol.

**Paco**, dérivé de François, « affranchi ».

**Palmer**, du vieux français « pèlerin ».

**Pancho**, diminutif de Francisco, François en espagnol.

**Paolo**, Paul en italien.

**Pâris**, jeune prince troyen qui enleva Hélène, reine de Sparte, entraînant du même coup la Guerre de Troie.

**Parker**, « gardien du parc » en vieil anglais.

**Parnell**, raccourci de Petronel, inspiré probablement de Pétrone.

**Parrish**, « de Paris » ou bien « paroisse » en anglais actuel.

**Pascal**, de l'hébreu « passage » ; référence à la fête de Pâques du dogme chrétien.

**Paul**, « petit ». Nom d'une ancienne famille romaine. Saint Paul est le fondateur de l'Église chrétienne.

**Paulien**, variante de Paul.

**Paulin**, variante de Paul.

**Pélage**, « de la haute mer » en grec.

**Perceval**, du français « qui traverse le vallon » ; un des chevaliers de la Table ronde.

**Percy**, nom d'un village normand ; diminutif de Perceval.

**Pérégrin**, « étranger, pèlerin ».

**Perry**, référence au poirier.

**Peter**, Pierre en anglais.

**Philémon**, signifie « l'unique ami » en grec.

**Pascalin**, dérivé de Pascal.

**Paton**, diminutif de Patrick.

**Patrice**, variante de Patrick.

**Patrick**, du latin « noble, patricien ». Saint patron de l'Irlande.

**Philibert**, du germain « beaucoup » et « brillant ».

**Philippe**, « qui aime les chevaux » en grec.

**Phinéas**, « oracle » en hébreu.

**Pierce**, dérivé d'une forme anglaise médiévale de Peter.

**Pierre**, textuellement une « pierre ». Nom donné par Jésus à son disciple Simon. (*Et aussi les prénoms composés dérivés tels* : Pierre-André, Pierre-Louis, etc.)

**Placide**, « fiable et tranquille » en latin.

**Platon**, du grec « aux larges épaules ». Disciple de Socrate et maître d'Aristote.

**Pol**, forme celtique de Paul.

**Porter**, du français « portier ».

**Powell**, « fils d'Howell » en gallois.

**Prescott**, du vieil anglais « prêtre » et « demeure ».

**Preston**, « la ville du prêtre » en vieil anglais.

**Prince**, « à la première place » en latin. Titre royal.

**Prosper**, du latin « florissant ».

**Prudent**, référence à la vertu.

**Purvis**, « qui pourvoit » en latin.

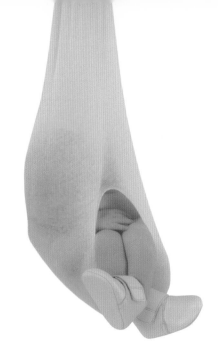

**Quentin**, « cinq » en latin.

**Quincy**, variante de Quentin.

**Quinn**, abréviation de Quentin.

**Quinton**, variante anglo-saxonne de Quentin.

**R**achid, « le bon guide » en arabe.

**Rainier**, du germain « conseil » et « armée ». Nom célèbre grâce au souverain actuel de la principauté de Monaco.

**Raja**, « roi, chef » en hindi.

**Ralph**, du germain « conseil » et « loup ».

**Ramon**, Raymond en espagnol.

**Ramsay**, « aïl » ou « île ».

**Randall**, « l'arête du bouclier » en vieil anglais.

**Randolphe**, du vieil anglais « bord du bouclier » et « loup ».

**Randy**, diminutif de Randall ou Randolphe.

**Ranulphe**, « avis » et « loup » en viking.

**Raoul**, forme française de Ralph.

**Raphaël**, « Dieu a guéri » en hébreu.

**Rashad**, « qui suit la voie spirituelle » en arabe.

**Rashid**, « adulte », en arabe.

**Raven**, « corbeau » en anglais.

**Ray**, abréviation de Raymond ou déformation du français « roi ».

**Rayan**, « beau », « épanoui » en arabe.

**Raymond**, du germain « avis » et « protection ».

**Reda**, signifie « le plaisir » en arabe.

**Redouane**, dérivé de Reda.

**Reg**, abrégé de Réginald.

**Réginald**, composé sur Renaud, du germain « conseil » et « gouverner ».

**Régis**, du latin « gouverner » et « roi ».

**Reinhold**, Renaud en allemand.

**Rémi**, du latin « rameur ».

**Remington**, du vieil anglais « ville près du fleuve ».

**Renaldo**, « Renaud » en espagnol.

**Renaud**, du germain « conseil » et « gouverner ».

**René**, du latin « né une seconde fois ».

**Reuben**, « qui regarde son fils » en hébreu.

**Rex**, « roi » en latin.

**Reynald**, variante de Renaud.

**Reynard**, du français « renard » ou du germain « conseil » et « difficile ».

**Reynaud**, variante de Renaud.

**Reynold**, forme anglo-saxonne de Renaud.

**Rhett**, héros d'*Autant en emporte le vente*... ce qui devrait suffire !

**Ricardo**, Richard en espagnol.

**Richard**, « roi puissant » en germain. La figure la plus emblématique restera certainement celle du souverain anglais, Richard Cœur de Lion.

**Richmond**, « splendide colline » en vieux français.

**Ricky**, diminutif de Richard.

**Ridley**, « brûlis » en vieil anglais.

**Rigby**, du nordique « ferme bâtie sur la crête ».

**Riley**, « champ de seigle ».

**Rinaldo**, variante italienne de Renaud.

**Ringo**, invention moderne popularisée par un des membres des Beatles, Ringo Starr.

**Ritchie**, diminutif de Richard.

**Roald**, prénom scandinave signifiant « réputation » et « chef ».

**Robert**, du germain « illustre » et « brillant ». Robert Bruce d'Écosse libéra son pays de la tutelle anglaise.

**Robin**, dérivé de Robert ; popularisé par les aventures légendaires de Robin des Bois.

**Robinson**, « fils de Robin ».

**Rocco**, du germain « repos », ou diminutif affectueux latinisé de Richard.

**Roch**, « la corneille » oiseau totémique dans les mythologies nordiques.

**Rock**, « roc » en anglais.

**Rockwell**, « rivière caillouteuse ».

**Rocky**, « rocheux » ou variante de Rock.

**Rod**, abréviation de Rodéric, Rodolphe ou Rodney.

**Rodéric**, du germain « gloire » et « puissant ».

**Rodney**, du vieil anglais « terrain à découvert près du fleuve ».

**Rodolphe**, du germain « gloire » et « loup ».

**Rodrigue**, forme médiévale inspirée de l'espagnol pour Rodéric.

**Roger**, du germain « gloire » et « lance ».

**Roland**, « illustre dans le pays » en germain.

**Rolf**, « loup fameux » en germain.

**Rollo**, variante médiévale de Rolf.

**Romain**, textuellement « de Rome ».

**Roman**, variante de Romain.

**Romaric**, du germain « roi grand et glorieux ».

**Roméo**, « pèlerin qui se rend à Rome » ; prénom du héros tragique aimé de Juliette.

**Romuald**, du germain « renommée » et « gouverner ».

**Ron**, abrégé de Ronald.

**Ronald**, « pouvoir » en vieux nordique.

**Ronan**, « phoque » en gaélique.

**Ronnie**, diminutif de Ronald.

**Rory**, « roi aux cheveux roux » en irlandais.

**Roscoe**, du viking « daim » et « bois ».

**Ross**, « le marais » en écossais.

**Rowan**, « petit rouquin » en gaélique.

**Rowland**, variante de Roland.

**Roy**, de l'écossais « roux » ou inspiré du français « roi ».

**Royce**, « réputation » et « exemple » en germain.

**Royden**, « colline où pousse le seigle » en vieil anglais.

**Ruben**, variante de Reuben.

**Rudolf**, Rodolphe en autrichien.

**Rudy**, diminutif affectueux pour Rudolf.

**Rufus**, du latin « homme aux cheveux roux ».

**Rupert**, variante de Robert.

**Russell**, du français « roux, rouquin ».

**Rusty**, variante de Russell et immortel compagnon de Rintintin.

**Rutger**, Roger en hollandais.

**Rutherford**, « ferme au bétail » en vieil anglais.

**Ryan**, « petit roi » en gaélique.

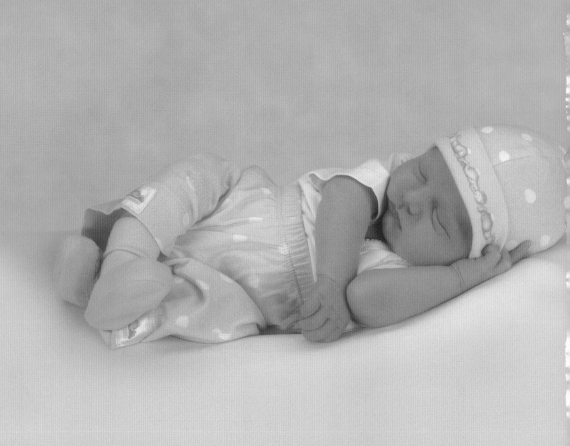

**Sabin**, « habitant de la Sabine » en latin. La Sabine était une province proche de Rome.

**Sacha**, diminutif d'Alexandre.

**Salomon**, « paix » en hébreu. Roi d'Israël réputé pour sa grande sagesse.

**Salvador**, « sauveur » en espagnol.

**Sam**, abréviation de Samson ou de Samuel.

**Sammy**, diminutif de Samson ou de Samuel.

**Samson**, « enfant du soleil » en hébreu. Héros de l'Ancien Testament dont la force colossale résidait dans la chevelure.

**Samuel**, « nom de Dieu » en hébreu.

**Sandy**, diminutif affectueux pour Alexandre.

**Sargent**, du latin « serviteur ».

**Saturnin**, référence au dieu Saturne.

**Saül**, « prié pour » en hébreu.

**Sawyer**, « coupeur de bois » en vieil anglais.

**Scott**, « écossais » en vieil anglais.

**Sean**, Jean en irlandais.

**Sébastien**, du latin « honoré ».

**Selwyn**, « des bois » en latin.

**Séraphin**, référence aux êtres célestes.

**Serge**, d'une ancienne famille romaine ; signification probable tournant autour de « serviteur ».

**Servan**, du latin « serviteur » ou origine celte indéfinissable.

**Séverin**, du latin « rigoureux, austère ».

**Seymour**, prénom aristocratique inspiré de Saint-Maur en France.

**Shaun**, variante orthographique de Sean.

**Sheldon**, « colline en pente douce » en vieil anglais.

**Sheridan**, « homme sauvage » en celtique.

**Sherlock**, « aux cheveux blonds et brillants » en vieil anglais.

**Sherman**, « tondeur de mouton » en vieil anglais.

**Sidney**, de Saint-Denis en France ; ou bien du vieil anglais « vaste prairie » ; ou encore du latin « originaire de Sidon ».

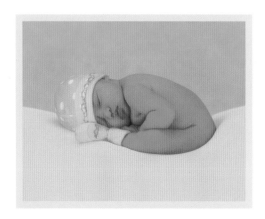

**Sidoine**, du latin « originaire de Sidon », actuellement la Syrie.

**Siegfried**, du germain « victoire » et « paix ».

**Siegmund**, du germain « victoire » et « protection ».

**Sigismond**, variante de Siegmund.

**Silas**, variante sur le latin « silvanus », de la forêt.

**Silvère**, du latin « forêt ».

**Siméon**, variante de Simon.

**Simon**, « qui prête l'oreille » en hébreu.

**Sinclair**, de Saint-Clair, ville de France.

**Skip**, « capitaine marchand » en viking.

**Sly**, diminutif de Sylvester.

**Soïzic**, prénom breton et variante de François, « affranchi ».

**Spencer**, variante de Stewart, « intendant, régisseur » en anglais médiéval.

**Stacy**, diminutif anglais d'Eustache.

**Stan**, abrégé de Stanley ou Stanislas.

**Stanislas**, du slave « se dresser » et « gloire ».

**Stanley**, « prairie rocailleuse » en vieil anglais.

**Stéphane**, même racine qu'Étienne ; « couronne » en grec.

**Sterling**, probablement de « petite étoile » en vieil anglais.

**Steve**, abréviation de Stephen, forme anglaise de Stéphane.

**Steven**, Stéphane en anglais.

**Stewart**, « intendant, régisseur » en vieil anglais.

**Stuart**, dérivé de Stewart. Famille régnante d'Écosse entre le XIV et le XVIII siècle.

**Sydney**, variante de Sidney et référence à la ville d'Australie.

**Sylvain**, « qui vit dans la forêt » en latin.

**Sylvestre**, « de la forêt » en latin.

**Talbot**, vieux prénom aristocratique anglais.

**Tamar**, de l'hébreu « palmier ».

**Tancrède**, du germain « pensée » et « conseil ».

**Tanguy**, du celtique « feu » et « chien ».

**Tanner**, du vieil anglais « tanneur ».

**Tarquin**, nom porté par plusieurs souverains romains.

**Taylor**, « tailleur » en anglais.

**Ted**, diminutif anglais pour Édouard, Edwin et Edmond.

**Teddy**, même usage que Ted.

**Térence**, référence à la déesse romaine des moissons, Terensis.

**Terry**, prénom médiéval dérivé du germain « race » et « puissance ».

**Tex**, abrégé désignant un texan.

**Thaddéus**, « vaillant » en hébreu.

**Théo**, « le dieu » en grec et « le peuple » en germain.

**Théobald**, du germain « peuple » et « brave ».

**Théodore**, du grec « don de Dieu ».

**Théodule**, « l'esclave de Dieu » en grec.

**Théophane**, « le dieu » et « brillant, évident » en grec.

**Théophile**, « qui aime Dieu » en grec.

**Théotime**, « celui qui honore Dieu » ou « celui qui est estimé de Dieu » en grec.

**Thibaud**, prénom éminemment médiéval, du germain « peuple » et « audacieux ». Variante francisée de Théobald.

**Thiébaud**, variante de Thibaud.

**Thierry**, prénom qui remonte au haut Moyen Âge.

**Thomas**, de l'araméen « jumeau ».

**Thor**, inspiré du dieu germanique de la foudre.

**Tim**, raccourci de Timothé.

**Timothé**, du grec « qui honore Dieu ».

**Titouan**, diminutif d'Antoine.

**Titus**, ancien nom romain.

**Tobias**, « Dieu est bon » en hébreu.

**Todd**, « renard » en celtique.

**Tom**, diminutif de Thomas.

**Tony**, diminutif d'Antoine.

**Torquil**, « heaume » et « Thor » en vieux nordique.

**Toussaint**, contraction de « tous les saints ».

**Tracy**, dérivé de Thracius, ancien nom romain.

**Travis**, « collecteur des impôts » en anglais médiéval.

**Trent**, référence à une rivière anglaise.

**Trenton**, référence à la ville du New Jersey.

**Trevor**, « gros bourg » en gallois.

**Tristan**, du celtique « tumulte » ou bien doit-on y trouver un écho de « tristesse » lorsque l'on connaît le destin tragique de l'amant de la belle Isolde ?

**Troy**, inspiré de la ville de Troyes, en France.

**Truman**, « homme loyal » en vieil anglais.

**Tucker**, « un vêtement ajusté » en vieil anglais.

**Tudor**, probablement un dérivé de Théodore, ou du celtique « peuple » et « roi ».

**Tugdual**, du celtique « peuple valeureux ».

**Tyler**, « fabricant de tuiles » en vieil anglais.

**Tyrell**, du vieux français « personne bornée ».

**Tyrone**, nom d'un comté d'Irlande.

**Tyson**, peut-être inspiré du français « tison ».

**Ulric**, du germain « roi » et « patrimoine ».

**Ulrich**, **Ulrik**, variantes orthographiques de Ulric.

**Ulysse**, du grec « haine, colère ».

**Urbain**, du latin « citadin ».

**Uri**, « lumière » en hébreu.

**Uriel**, « ange » en celtique, ou bien de l'hébreu « lumière » et – « Dieu ».

**Ursus**, « ours » en latin.

**Val**, abrégé de Valentin, Valère et Valéry.

**Valentin**, « fort et en bonne santé » en latin.

**Valère**, variante de Valentin.

**Valérian**, forme anglaise du prénom français Valérien, de l'empereur romain Valerianus

**Valéry**, variante de Valentin.

**Vance**, « les marais » en vieil anglais.

**Vanya**, diminutif russe pour Ivan ou Yvan.

**Vassily**, Basile en russe.

**Vaughan**, « petit » en gallois.

**Venceslas**, « gloire » et « couronne » en slave.

**Vernon**, référence à un arbre, l'aune.

**Victor**, « victorieux » en latin.

**Victorien**, variante composée sur Victor.

**Victorin**, variante de Victor.

**Vince**, variante diminutive de Vincent.

**Vincent**, du latin « qui vainc, qui triomphe ».

**Virgile**, du latin « qui pousse avec force ». Nom d'un grand poète romain.

**Vishnou**, « qui anime » en sanscrit ; dieu central du panthéon hindouiste.

**Vital**, « le souffle vivifiant » en latin.

**Vivien**, du latin « ardent ».

**Vlad**, variante de Vladimir.

**Vladimir**, « puissance régnante » en slave.

**Wade**, « aller » en vieil anglais.

**Waldemar**, du germain « commandement » et « réputation ».

**Walden**, « les bois » en vieil anglais.

**Waldo**, du germain « chef ».

**Walker**, « celui qui nettoie et rapièce les vêtements » en vieil anglais.

**Wallace**, « étranger » en normand.

**Wally**, diminutif de Wallace ou de Walter.

**Walt**, abrégé de Walter.

**Walter**, du germain « gouverner » et « peuple ». En français, Gautier.

**Wandrille**, « le chef au bon jugement » en germain.

**Ward**, « celui qui monte la garde » en vieil anglais.

**Warner**, du germain « garde » et « armée ».

**Warren**, « coin à gibier » en vieil anglais ou référence germanique au garde.

**Warrick**, variante de Warwick.

**Warwick**, « la ferme laitière près du barrage » en vieil anglais.

**Washington**, « là où se sont installés les gens de Wassa » ; prénom conservé en hommage à l'ancien président des États-Unis.

**Watkin**, forme médiévale de Walter.

**Wayland**, du germain « guerre » et « territoire ».

**Wayne**, du vieil anglais « chariot ».

**Werner**, « le défenseur » en germain. Warner en allemand, hollandais et scandinave.

**Wesley**, « prairie à l'ouest » en vieil anglais ; gardé comme prénom en l'honneur de John Wesley, fondateur de l'Église méthodiste.

**Weston**, « ferme à l'ouest » en vieil anglais.

**Wilbur**, du vieil anglais « volonté » et « forteresse ».

**Wilfrid**, du germain « volonté » et « protection ».

**Will**, abrégé de William.

**Willard**, du vieil anglais « volonté » et « bravoure ».

**Willem**, Guillaume en hollandais.

**William**, Guillaume en anglais ; du germain « volonté » et « protéger ».

**Willy**, diminutif de William.

**Wilson**, « fils de William ».

**Winston**, « joie » et « pierre » en vieil anglais. Usage qui honore la mémoire de Winston Churchill.

**Wolfgang**, du germain « loup qui attaque ».

**Woodie**, diminutif de Woodrow : « alignements de maisons ».

**Woody**, abrégé de Woodrow.

**Wulfran**, dérivé du germain « loup ».

**Wyatt**, vieux nom médiéval anglais signifiant « guerre » et « courage ».

**Wycliffe**, « village près de la colline » en vieil anglais.

**X**avier, du basque « nouvelle maison ».

**Xénos**, « étranger » en grec.

**Xerxès**, « chef » en perse. Illustre souverain du Vᵉ siècle avant Jésus-Christ.

**Y**ann, breton pour Jean.

**Yannick**, variante de Yann.

**Yasir**, « riche » en arabe.

**Yehudi**, variante de Judas en hébreu, autrement dit « juif, israélite ».

**Yoann**, variante de Yann.

**Yorick**, variante de Georges.

**Youri**, Georges en russe.

**Yousouf**, Joseph en arabe.

**Yuan**, « original » en chinois.

**Yul**, variante de Jules.

**Yvan**, variante d'Yves et d'Ivan.

**Yves**, de l'anglo-saxon « if ».

**Yvon**, variante d'Yves.

**Zac**, diminutif de Zacharie.

**Zacharie**, « Dieu s'est souvenu » en hébreu. Un des rois
d'Israël.

**Zaïd**, « croissance » en arabe.

**Zébulon**, de l'hébreu « exaltation » et « habiter ».

**Zénon**, « de Zeus », nom grec de Jupiter.

**Zéphirin**, du grec *zephuros*, vent du nord-ouest.

**Zinédine**, « la parure de la religion », en arabe.

ANNE GEDDES ®

www.annegeddes.com

© 2005 Anne Geddes

Anne Geddes est reconnue par le Copyright,
Designs et Patents Act 1988 comme l'Auteur de cet ouvrage.

Première publication en 2003 par Photogenique Publishers
(un département de Hodder Moa Beckett)
4 Whetu Place, Mairangi Bay, Auckland, Nouvelle-Zélande

Traduction : Sylvaine Charlet

© Hors Collection 2005 pour la présente édition
ISBN 2-258-06742-1
N° d'éditeur 716
www.horscollection.com

Une production Kel Geddes
Imprimé en Chine par Midas Printing Ltd, Hong Kong